KB266776

하나님
사랑합니다

하나님 사랑합니다

초판   1쇄 발행   2006년 12월 16일
        2쇄 발행   2007년   1월 5일

지은이 · 조병호
펴낸곳 · 도서출판 땅에쓰신글씨
편 집 · 김지혜 문지희
디자인 · 전민영
내지삽화 · 김수남

주 소 · 서울시 서초구 서초동 1445-2 우진빌딩 지하 1층

전 화 · 02)525-7794

팩 스 · 02)587-7794

홈페이지 · www.hanshi.or.kr

등 록 · 제21-503호(1993.10.28)

ISBN 987-89-85738-49-1   03230
Printed Korea Copyright ⓒ 조병호 2006

✳ 책값은 뒤표지에 있습니다.   ✳ 파본은 바꾸어 드립니다.

✳ 본 책의 내용을 출처를 밝히지 않고 인용하거나 저작권자의 허락없이 복사 · 전재하
  는 행위 및 본 책의 내용을 이용 · 개작하여 어문, 음악, 영상 기타 여하한 형태의 저
  작물을 만드는 행위에 대하여는 저작권법 등에 의거하여 책임을 묻습니다.

도서출판 땅에쓰신글씨 는
하나님의 마음을 헤아리고자 하는 사람들에게 성경통독을 안내하고, 하나님 앞으로
첫걸음을 내딛는 사람들을 신앙계승자로 초대하며, 아직 하나님을 모르는 이웃들에
게 기쁨실천으로 다가가고자 일합니다. 문서선교의 소명을 가슴에 품고 들러리의
기쁨을 누리며, 복음이 땅끝까지 전해지는 그날까지 정성껏 최선을 다하겠습니다.

하나님 사랑합니다

조병호 지음

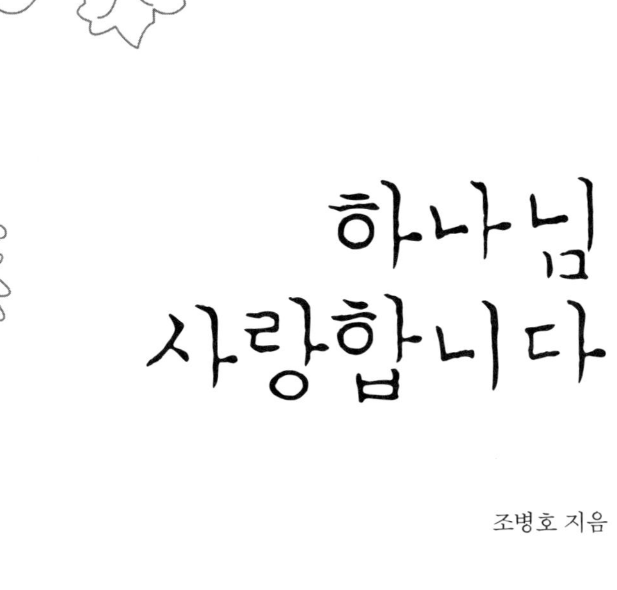

땅에쓰신글씨

성경은 하나님의 마음이 가장 잘 담겨있는 책입니다. 하나님께서 인생들에게 당신의 마음을 나타내실 최고의 방법으로 선택하신 것이 성경책이기 때문입니다. 성경을 통해 하나님이 누구신지 알 수 있고, 하나님의 진심을 깨달아갈 수 있습니다.

이처럼 소중한 성경을 꼼꼼하게 들여다보면 알 수 있는 진실 가운데 하나는 하나님께서 모든 인생들을 차별 없이 사랑하신다는 점입니다. 세상의 어떤 인생도 하나님의 사랑을 차별적으로 받은 적이 없습니다. 요는 인생들이 하나님을 사랑하는 마음의 정도에 차이가 있다는 것입니다.

물론 하나님께서는 인생들이 하나님을 사랑하는 마음에 비례하여 그만큼을 되돌려 주시는 분은 아니십니다. 이미 인생들을 향하신 하나님의 사랑은 충분하고, 영원하며, 불변합니다. 그러나 분명한 것은 하나님께서 하나님을 향한 우리의 마음을 기쁘게 받아 주신다는 점입니다. 하나님을 향한 사랑고백은 우리를 향하신 하나님의 그 크신 사랑 앞에서 우리가 할 수 있는 최고의 고백입니다.

성경에는 하나님의 사랑을 받고, 그 마음을 헤아리며, 하나님께 일생일대의 사랑고백을 올려드렸던 신앙선배들이 있습니다. 그 신앙선배들의 삶을 깊이 있게 들여다보고, 우리도 전심으로 이 고백을 할 수 있기를 바라는 마음으로 부끄러운 책을 펴내게 되었습니다. 우리의 부끄러운 고백을 기뻐해주실 그분께 조금이라도 가까워질 수 있는 통로가 되어준다면 더 바랄 나위가 없겠습니다.

평생에 드릴 부끄러운 고백을 마음에 담아

목 차

Love Story
3. 언제나 나를 돌보시는 하나님, 사랑합니다

1.

나를 사랑하시는
하나님, 사랑합니다

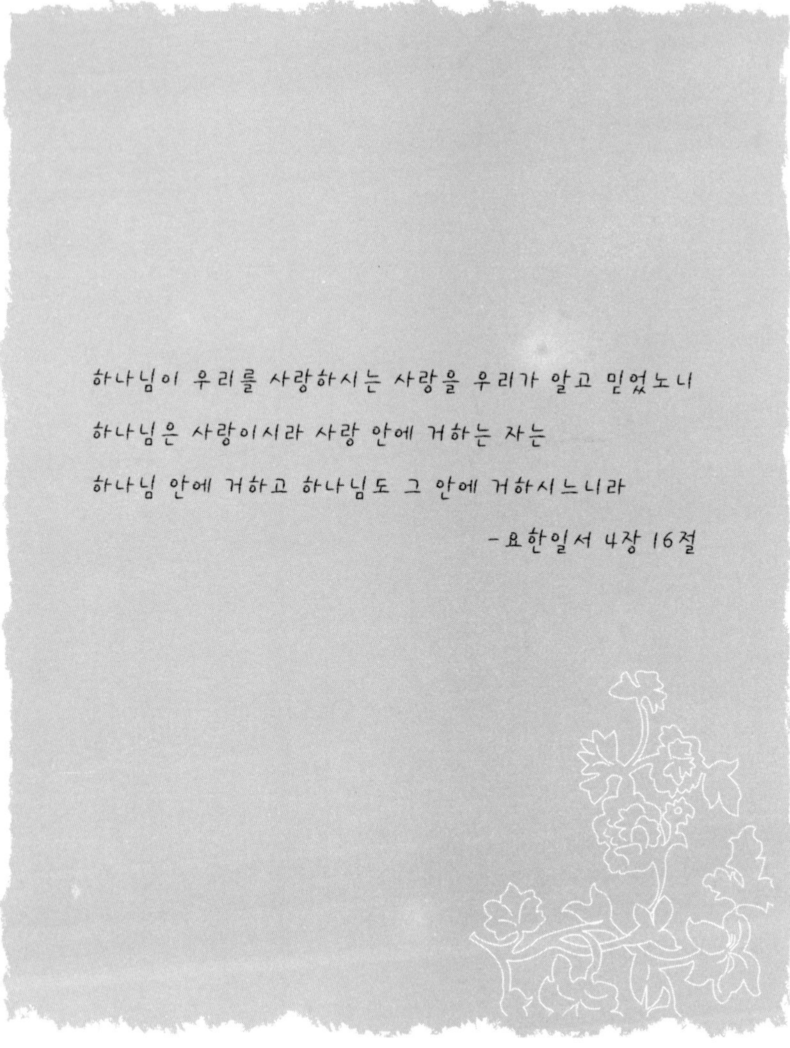

하나님이 우리를 사랑하시는 사랑을 우리가 알고 믿었노니

하나님은 사랑이시라 사랑 안에 거하는 자는

하나님 안에 거하고 하나님도 그 안에 거하시느니라

-요한일서 4장 16절

하늘보석

미키마우스로 만화 영화 사업을 시작한 월트 디즈니는 1937년도에 약 3년 정도 정성을 다해 만든 작품을 내어 놓았는데, 다름이 아니라 '백설공주와 일곱 난쟁이' 입니다. 그 작품에 나오는 일곱 난쟁이들이 숲속에 살면서 하는 일은 보석을 캐는 일이었습니다.

이 땅에 사는 수많은 사람들은 보석을 찾습니다. 그것이 다

이아몬드든 호마노든, 그것이 명예든, 재물이든, 권세든, 이 땅
의 수많은 사람들은 눈에 보이는 보석을 찾는 데에 열심을 내고
삽니다. 그 보석을 혹시 손에 쥘 수만 있다면 그런 기회는 절대
놓치지 않겠다는 생각들을 합니다. 그런데 우리 하나님께서 보
석처럼 아끼시는 것은 따로 있습니다.

　　이스라엘 백성들은 오랫동안 애굽에서 노예생활을 하고 있
었습니다. 그들은 분명 사람이건만, 애굽 사람들은 그들의
이름을 사람목록에 넣지 않고 재산목록에 기록했습니다.
그들의 이름 하나하나는 노비문서에 기록되어 있었던 것
입니다. 예를 들어 애굽의 한 부자가 자기가 가진 재산들
을 하나하나 세어갈 때, 소 100마리, 양 200
마리, 나귀 300마리, 노비 500명, 이런
식으로 세었다는 것입니다. 그 사람들
도 엄연히 하나님의 형상을 닮아 이 땅
에 태어난 자들입니다. 그런데 그들의
이름은 애굽 동사무소에 사람으로 기재
되어 있는 것이 아니라 애굽인들 각자
가 소유한 재산목록의 노비 문건에 기록
되어 있었습니다. 그러니 그들은 사람으로서

넓은 평화와 높은 자유를 꿈꾸며 살지 못한 채 신음하고 고통당하는 하루하루를 살아야 했습니다.

사실 그들이 애굽에 처음 들어갔을 때, 즉 요셉의 고생 끝에 야곱의 가족 70명이 애굽에 들어갔을 때에는 너무나 귀한 대접을 받았습니다. 어서 오라고 환대하는 왕의 대접까지 받으며 애굽에 들어갔던 것입니다. 그런데 세월이 지나면서 그들이 천히 여김을 당하게 되었습니다. 100년, 200년 세월이 지나가며 그들 스스로도 자신들이 아주 천하기 이를 데 없는 자들이라고 여기게 되었습니다. 애굽의 수많은 사람들이 여러 가지 정치적, 경제적 이유로 그들을 천히 여길지라도, 그들 스스로는 아브라함과 이삭과 야곱의 후손이라는 사실을 기억하며 스스로를 귀히 여겨야했건만 그렇지 못했습니다. 그들은 오직 가느다란 한 가지 소망, 아브라함의 하나님께서 자신들을 이곳 생활에서 종지부를 찍게 하시고 가나안으로 이끌어내실 것이라는 실낱같은 희망만을 가지고 있을 뿐이었습니다.

그리할 때 하나님께서 하나님의 사람 모세

를 통해서 그들을 출애굽시켜 내셨습니다. 비록 모세를 가리켜 탁월한 불세출의 지도자라고 부르기는 하지만, 모세의 능력으로 그들이 출애굽한 것은 아닙니다. 출애굽기 전반부를 꼼꼼히 읽어보면 그것은 전적으로 하나님의 은혜요, 인도하심이었습니다.

출애굽한 지 3개월만에 시내 산에 도착했습니다, 그곳에서 하나님께서는 그들과 높은 수준의 계약을 맺으시는데, 그것은 그들을 거룩한 백성 삼으시고 제사장 나라 삼으셔서, 온 세상에 하나님의 꿈을 이루어 가시는 데에 이들을 들어 쓰시겠다는 놀라운 계획이었습니다.

출애굽한 지 3개월 밖에 되지 않은 이스라엘 백성들의 수준은, 한마디로 노예근성에서 한 발짝도 벗어나지 못한 상태였습니다. 시키는 일만 하는 것에 익숙해진 노예들은 창의적으로 일하지 않습니다. 무슨 일을 책임지고 해내려고 하지도 않습니다. 그런데 그런 근성에서 꼼짝없이 머물러 있는 그들을 우리 하나님께서는 귀히 여겨 주십니다. 시내 광야에 머무는 1년여 동안 하나님께서 먹이시고 입히신 후, 1년이 지나갈 무렵 그들을 향해 말씀하십니다.

“그것에 네 줄로 보석을 물리되 첫 줄은 홍보석 황옥 녹주옥

이요 둘째 줄은 석류석 남보석 홍마노요 세째 줄은 호박 백마노 자수정이요 네째 줄은 녹보석 호마노 벽옥으로 다 금테에 물릴 찌니 이 보석들은 이스라엘 아들들의 이름대로 열 둘이라 매 보석에 열두 지파의 한 이름씩 인을 새기는 법으로 새기고"

열두 지파의 이름을 보석에 새기라는 것입니다. 하나님께서 그 이름들을 보석처럼 소중히 여기신다는 것입니다. 이것이 성경에 처음 등장한 보석 이야기입니다.

하지만 출애굽해서 하나님의 말씀을 듣고 하나님의 사람으로 다듬어진 지 1년 세월이 지났음에도 불구하고, 이스라엘 백성들은 스스로를 일컬어 "우리는 메뚜기 떼와 별다를 바가 없다. 우리가 비록 숫자는 많긴 하지만, 힘도 없고, 창의적인 일을 해낼 수 있는 능력도 없는 메뚜기에 불과한 존재들이다."라고 말합니다. 자기들 스스로 아무 가치도, 쓸모도 없는 존재라는 정체성을 가지고 있는 것입니다. 애굽에 있을 적에는 미운 오리 새끼였고, 광야에서는 메뚜기 떼에 불과하다고 고백할 만큼, 그들의 자의식은 형편없이 낮았습니다. 그런데 하나님은 그런 그들의 이름을 보석에 새길 만큼 귀하게 여겨주시고, 그들을 소중히 여기겠다고 말씀하셨던 것입니다.

우리가 누군가를 평가할 때는 나름대로 기준을 세우고 거기에 이르러야 '그 사람 귀하다'고 말합니다. 그런데 하나님께서 출애굽한 이스라엘 백성들을 보석에 녹명할 때, 그들은 스스로 봐도, 또 애굽인들이나 가나안 사람들이 봐도, 어느 하나 월등하거나 탁월한 면이 없었습니다. 오랜 세월 동안 애굽인들로부터 일하는 짐승과도 같은 취급을 받아왔던 그들, 스스로도 결코 귀한 존재라고 여기지 않았던 바로 그들을 하나님께서는 보석처럼 귀하게 여겨 주셨던 것입니다.

이후 이들은 광야 40년 동안 갈고 닦이게 됩니다. 광야 생활을 통해서 다듬어진 결과, 그들은 스스로 생각하기에도, 하나님이 보시기에도, 더 나아가 세상 많은 사람들이 보기에도 아름다운 하늘보석으로 거듭나게 됩니다.

인생을 하늘보석 삼으시는 하나님에 대해 알고 계십니까? 이 산 저 산 깊은 곳에 숨겨져 있는 다이아몬드 원석들은 하나님께 별로 중요하지 않습니다. 하나님께서 정말 소중하게 이 땅에서 찾으시는 보석은 '사람', 바로 '당신'입니다. 하나님의 은혜와 자비로 표를 삼은 하늘보석으로의 초대입니다.

이후 천오백 년이 지나 다윗의 자손 예수 그리스도, 즉 하나

님의 아들 독생자 예수님께서 이 땅에 찾아오십니다. 그분은 하
나님의 형상을 닮은 수많은 사람들을 향해서 오셨습니다. 그분
이 십자가에서 자신의 목숨을 내어놓음으로써 수많은 인생들을
하늘보석으로 바꿔 놓으시는 그 놀라운 장면을 우리는
사복음서에서 볼 수 있습니다.

예수님께서 말씀하십니다.
"사람이 얼마나 소중한 줄 아느냐. 들의 백합
화를 보라. 수고도 아니하고 길쌈도 아니하되 하
나님께서 자라게 하시는 것이다. 하나님께
서 그들을 자라게 하는 것 그 훨씬 이상으
로, 한 사람 한 사람을 살게 하시며, 생명
의 호흡이 있게 하시며 인생들을 이끌어
주신다."

우리 하나님께서 나를 찾기 위해서 독생자 예수 그리스도를
이 땅에 보내셨는데, 그분이 하시는 말씀이 한 사람이 천하보다
소중하다는 것입니다. 내 존재가 천하보다 더 소중하다는 것입
니다.

가장 복된 인생은 무엇입니까? 나를 천하보다 소중하다고 하시는 하나님의 그 놀라운 말씀을 믿는 것입니다. 나같이 부족한 자를 하나님께서 하늘보석으로 초대해 주셨다는 사실을 믿는 인생입니다.

하나님 사랑합니다

여호수아는 애굽이라는 그 큰 나라가 망해가는 것을 지켜보았고, 또 가나안이 망하는 것도 직접 확인한 사람입니다. 어느 집안 하나가 망하는 것도 큰 일일 텐데, 나라가 망한다는 것은 사회적으로 굉장히 크고 중대한 일일 수밖에 없습니다.

여호수아는 정말 보잘것없는 자신을 포함해, 한 민족이 광야에서 40년 동안 하나님의 도움으로 살아남는 기적을 온몸으로 체험한 사람입니다. 그들에 의해서 가나안이 무너지고, 그 땅에서 이스라엘 백성들이 삶을 시작하게 되는 직접적 계기를 만든 사람이기도 합니다. 그렇게 그는 나라가 송두리째 무너지는 모습을 두 번이나 지켜보았고, 또한 사회구조의 가능성이라는 측면에서 보면, 도대체 발전 가능성이라고는 손톱만큼도 없었던 자기 민족이 굳건하게 세워지는 모습도 본 사람입니다. 한마디로 그는 가장 깊은 사회 체험을 했던 사람이지요. 그는 사회 현실이라는 것, 그것이 얼마나 막중한 것이로되, 또한 가벼운 것인지를 다 뚫어 본 것입니다.

그런 그가 110년의 인생을 다 살고 마무리할 즈음에, 자신과 더불어 그 긴 인생길을 걸어왔던 자신의 동료들, 그리고 자신의 뒤를 이어 국가를 경영할 후배 지도자들을 모아 놓고 말합니다. 모세에게 물려받은 신앙과 그 사랑의 고백을 자신의 온 인생으로 살아낸 그가 자신의 신앙과 사랑을 담아 진한 고백을 합니다.

"너희 하나님 여호와를 사랑

하고 그 모든 길로 행하며 그 계명을 지켜 그에게 친근히 하고 너희의 마음을 다하며 성품을 다하여 그를 섬길지니라.”

하나님을 향한 고백이 있는 또 다른 한 사람 사도 요한, 그는 갈릴리 바다에서 평범하게 청소년기를 보냈고, 청년의 때에 예수님을 만났습니다. 세상에서 가장 훌륭한 선생님을 만나서 자기 인생이 하루하루 월등한 수준을 갖추어가는 것을 몸으로 체험했습니다. 결국 그는 그렇게 크지 않은 나라지만 굉장히 저력 있는 나라, 그리고 현재는 로마라는 강력한 나라에 의해서 지배를 받고 있지만, 적어도 그 정신만은 동화되지 않고 자존심을 지켜가는 그 나라의 중추에 들어가서 우의정, 좌의정을 하고 싶다는 꿈을 꾸게 되었습니다. 불과 3년 만에 말입니다. 우리 주님을 만나지 않았으면, 언감생심 꿈에도 생각하지 못했을 일인데, 워낙 훌륭한 선생님을 만나서 자신의 잠재가능성이 3년 만에 그렇게 폭발적으로 발전하는 것을 경험한 것입니다.

자신도 상상 못할 정도로 획기적인 인생의 변화를 체험했던 요한. 그런데 그는 자신을 그렇게 변화시키셨던 우리 주님께서 너무나 허무하게 무너지시는 모습을 지켜보게 됩니다. 모든 꿈이 물거품처럼 사라져 버렸습니다. 그토록 능력 있던 예수님은 십자가의 처절한 고통을 하나도 경감 받지 아니하고, 고스란히 당하시다 돌아가셨고, 어느 무덤엔가 장사되셨습니다. 그날 후, 사흘간의 허망함은 너무나 컸습니다. 너무 높이 올라갔다가 떨어져보니 끝도 밑도 없는 낭떠러지였습니다.

다시 일어날 기운도 없이 쓰러져 있는데, 그렇게 십자가에서 돌아가신 지 3일 만에 우리 예수님께서 부활하셔서 그에게 찾아오십니다. 그리고 다시 시작하자고 하시며 손을 내미십니다. 세상에, 기적도 이런 기적이 없습니다. 인간이란 죽으면 그게 끝입니다. 그런데 죽으셨던 분이 3일 만에 부활하셔서 눈앞에 살아계신 것입니다. 자신이 정말로 그분이 죽는 모습을 지켜봤는데, 그 주님이 3일 만에 못 자국 난 손으로 나타나셔서 부활하셨다고 할 때, 사도 요한이 얼마나 놀랐겠습니까. 이처럼 놀라운 기적 체험은 없습니다. 이제 요한의 인생은 그 놀라운 기적의 기반 위에서 다시 시작해 볼 수 있게 되었습니다.

3년 전 우리 주님을 만났던 그 순간도 정말 중요한 순간이었고, 그 순간을 통해서 자신에게 새로운 인생이 열렸다고 생각했는데, 바로 지금, 부활하신 주님을 만나고 있는 지금 이 순간은 실로 생각의 경계와 생사의 경계를 완전히 넘어서는 새로운 삶의 시작이 됩니다.

그리고 그는 인생 말년에 다다랐을 즈음에 요한 1,2,3서를 쓰게 되는데, 요한일서의 한 가운데에서 이렇게 고백합니다.

"사랑하는 자들아 우리가 서로 사랑하자 사랑은 하나님께 속한 것이니 사랑하는 자마다 하나님께로 나서 하나님을 알고 사랑하지 아니하는 자는 하나님을 알지 못하나니 이는 하나님은 사랑이심이라"

우리는 하나님이 누구신지 알지도 못했습니다. 아무리 생각해봐도 그분을 알 길이 없었습니다. 자기가 누구인지를 깨닫는 데에도 평생 걸립니다. 그런데 그는 분명히 이렇게 말합니다.

"사랑은 여기 있으니 우리가 하나님을 사랑한 것이 아니요 오직 하나님이 우리를 사랑하사 우리 죄를 위하여 화목제로 그 아들을 보내셨음이니라 사랑하는 자들아 하나님이 이같이 우리를 사랑하셨은즉 우리도 서로 사랑하는 것이 마땅하도다 어느 때나 하나님을 본 사람이 없으되 만일 우리가 서로 사랑하면 하나님이 우리 안에 거하시고 그의 사랑이 우리 안에 온전히 이루느니라 그 성령을 우리에게 주심으로 우리가 그 안에 거하고 그가 우리 안에 거하시는 줄을 아느니라"

이 이야기 전체는 사도 요한의 이 한마디 고백과 같습니다.

"하나님 사랑합니다."

우리의 인생을 담아 하나님을 향한 이 고백을 올려드리길 바랍니다.

생각 밖의 생각으로의 초대

사람은 생각합니다. 우리 생각은 창조적이며 자유롭게 보입니다. 그런데 그 생각은 어디로부터 온 것입니까? 가만 보면 거의 매스미디어를 통해서 얻은 정보들이며, 그 내용은 주로 먹는 것, 입는 것, 자는 곳, 또 좀 넓혀보면 여행 등에 관한 것들입니다. 이런 정보들을 공급받아서 우리 생각의 내용으로 삼습니다. 뭔가 깊은 것을 찾고, 그 내용을 잘 정돈하고, 그 기반 위에서 생각의 나래를 펼쳐가기보다는, 대체적으로 누군가로부터 들은 생각들을 붙들고 인생을 살고 있더라는 것입니다.

물론 지혜로운 사람을 만나보면, 우리가 감히 생각하고 있지 못한 생각을 갖고 있음을 발견하고 놀랄 때도 있습니다. 사람이 사람을 만나서 대화를 해봐도 '오, 저 사람은 어쩌면 저렇게 큰 생각을 가지고 있지? 도대체 내 생각으로는 저 사람의 생각을 담아낼 수 없단 말이야.' 이렇게 느끼는 경우가 종종 있습니다. 그러나 아무리 지혜로운 인생이라 할지라도 그가 가지고 있는 생각이라는 것은 역사에서 축적된 것, 그리고 하나님이 주신 창조의 능력 안에서 조금 새롭게 가지고 있는 것, 그것에 불과할 뿐입니다. 인간의 생각 너머에 더 큰 것이 있습니다. 더 큰 생각이 있습니다.

자신의 생각 밖에 있는 그 넓은 생각을 자신의 삶의 내용으로 끌어들여서 한 시대 속에서 승리하는 인생을 살고, 그 꿈을 역사에 남긴 사람들이 있습니다. 야곱의 아들 요셉, 백부장 고넬료가 그 예입니다. 그들에게도 한계가 있었고 제한이 있었지만, 그들이 생각 밖의 생각으로 초대되었을 때, 얼마나 멋진 인생을 살았는지를 봅니다.

먼저 야곱의 아들 요셉입니다. 이미 총리가 된 그가 형제들을 만났습니다. 사실 지난 시간들을 생각해보면 꿈만 같습니다. 10대 후반의 청소년기에 애굽으로 끌려왔을 때, 자신이 애굽의 총리가 되리라고는 상상도 하지 못했습니다. 그런데 애굽에 간 지 13년 만에 총리가 된 것입니다. 그리고 총리가 된 지 9년이 지난 지금도, 그는 왕과 애굽 백성들 모두로부터 튼튼한 신뢰를 받고 있습니다. 왕이 존재하기는 하지만 실권은 요셉이 쥐고 있다고 봐도 과언이 아닐 정도로, 지금 요셉은 정말 높은 권력의 자리에 있습니다.

대개의 경우, 이 정도의 권력을 가지게 되면 그 안에 들어있는 명예와 재물에 취해, 거기서 생각이 멈춰버립니다. 그때부터 경직되고 교만해지며 안하무인이 되어가는 것입니다. 그런데 바로 그때, 22년 전에 자신을 구덩이에 던지고 심하게 때렸던 형들, 그렇게 자신을 때리고는 은 몇 냥에 애굽에 노예로 팔아버렸던 그 형들을 다시 만난 것입니다. 요셉은 얼마간의 시간을 보내며, 자신의 신분을 밝혀야 하는 결정적인 대화의 순간을 기다립니다.

몇 달을 지켜보고, 드디어 요셉이 결론에 이를 때가 되었습니다.

"요셉이 시종하는 자들 앞에서 그 정을 억제하지 못하여 소리 질러 모든 사람을 자기에게서 물러가라 하고 그 형제에게 자기를 알리니 때에 그와 함께한 자가 없었더라 요셉이 방성대곡하니… 나는 요셉이라 내 아버지께서 아직 살아계시니이까 형들이 그 앞에서 놀라서 능히 대답하지 못하는지라 요셉이 형들에게 이르되 내게로 가까이 오소서 그들이 가까이 가니 가로되 나는 당신들의 아우 요셉이니 당신들이 애굽에 판 자라."

형들이 여기까지만 들었을 적에는 '아! 이제 우리 다 죽었다' 싶었을 것입니다. 그런데 요셉은 이어 자신을 이곳에 판 것으로 인해 근심하지 말고 한탄하지 말라고 말합니다. 이유인즉 다음과 같습니다.

"나를 이리로 보낸 자는 당신들이 아니요 하나님이시라 하나님이 나로 바로의 아비를 삼으시며 그 온 집의 주를 삼으시며 애굽 온 땅의 치리자를 삼으셨나이다."

형들의 생각 안에서는 자기들이 요셉을 애굽에 판 것이지만, 사실 그 생각 밖에서 보면, 하나님이 보내셨다는 것입니다. 요셉은 이미 그렇게 생각이 커져서, 자기 생각 밖의 더 큰 생각으로 자신의 삶이 경영되어졌음을 고백하고 있는 것입니다.

많은 사람들이 어느 만큼의 위치에 올라가고 자기 자리가 튼튼해지면, 지난 날의 역경을 자신의 인내력과 판단력, 또 자신의 월등한 그 무엇을 통해서 극복하고 여기에 이르렀다는 해석을 합니다. 그런데 요셉은 하늘의 하나님께서 더 넓은 생각으로 자신을 여기까지 이끌었다며, 자기 마음속에 있는 생각을 솔직하게 형들에게 내어놓고 있습니다.

그의 생각이 이만큼 커지고 넓어지지 않았다면, 그의 가족의 장래는 없습니다. 오히려 요셉이 출세하지 않았으면 이 가족 공동체가 유지될 가능성이 있지만, 요셉이 출세한 상태에서 이런 높은 생각을 갖지 못했다면, 그 가족의 장래는 기대하기 힘듭니다. 가난할 적에는 오히려 가족 간의 단결심이 끈끈한데, 부자가 되면 가족들이 갈등하고 헤어지는 모습들을 보듯 말입니다.

요셉, 그는 말합니다.

"형들이 나를 이곳에 팔았습니다. 나는 지난날 이곳에서 쉽지 않은 삶을 살았습니다. 그래서 큰아들을 낳아놓고 이름을 '므낫세'라고 지었습니다."

얼마나 힘들었으면 아들 이름을 고난을 잊었다는 뜻을 담아 므낫세라고 지었겠습니까? 그런데 그 모든 것을 다 묶어놓고 이 시점에 와서 보니 더 넓은 하나님의 생각이 있었던 것을 발견했습니다.

생각 밖에 더 넓은 생각이 있다는 사실을 받아들일 수 있겠습니까? 요셉은 바로 이 놀라운 사실을 해석하고 받아들임으로 말미암아, 단지 애굽에서 사회적으로 높이 오른, 한 출세한 성공자의 자리에서 더 나아가, 하나님의 500년 유업을 이루는 역사적 소명에 있어서 250년의 징검다리가 됩니다. 하나님께서 아브라함을 통해서 꿈을 꾸셨고, 이후 모세와 여호수아를 통해서 그 '지시할 땅과 민족'에 대한 꿈을 이루시는데, 요셉은 그 250년의 징검다리 역할을 하게 되는 것입니다.

그가 사회적으로 높은 자리에 올랐기 때문이 아닙니다. 거기에서 더 나아가 그는 하나님께서 더 크고 넓은 생각으로 자신의 삶을 이끄셨으며 그의 가족 공동체까지 그렇게 사용하신다는 사실을 받아들이고, 바로 그 생각 위에서 자신의 삶을 살았던 것입니다. 바로 이런 그의 열린 생각이 그의 삶을 역사적으로 만들었습니다.

고넬료라는 사람, 이 사람은 로마의 백부장입니다. 로마에서 백부장이 되는 길은 두 가지였는데, 한 가지는 10대 후반에 군대에 가서 20여 년 정도 전쟁터를 뛰어다니고 나면, 35세 전후에 백부장이 될 수 있었습니다. 또 한 가지 방법은 귀족의 자녀로 태어나 20대 초반이나 중반에 군대에 들어가면 바로 백부장의 지위로 집무할 수 있었습니다. 이런 경우에는, 2-3년 정도 이 백부장의 시기를 거쳐서 로마 원로원에 진입하게 되는데, 로마 원로원 의원을 거치고 나면 집정관을 지낸 후 총독으로 나갈 가능성이 매우 높습니다. 사도행전에 10장에 등장하는 고넬료가 둘 중 어떤 방법으로 백부장이 되었는지는 잘 모르겠습니다. 만약 후자의 경우라면 이 사람은 백부장이라는 직급에 머물 사람이 아니라, 세월이 지난 후에는 총독의 자리에 오를 수도 있는 사람입니다.

그는 이탈리아인, 로마인입니다. 그리고 백부장은 당시 자신이 주둔하고 있는 지역을 책임지는 힘을 가지고 있는 자리입니다. 그런데 고넬료는 그렇게 힘 있는 자리에서 다른 사람들이 안 하는 두 가지 일을 하고 있었는데, 첫째는 구제하는 일이며, 둘째는 기도하는 일입니다.

사람들이 보통 '시간이 없어서 못 한다' 라고 얘기하는데, 가만히 보면 시간이 없는 게 아니라 마음이 없는 경우가 훨씬 더 많습니다. 주 앞에 나올 마음이 없고, 주 앞에 헌신할 마음이 없는 것이지, 시간 없는 사람은 아무도 없습니다. 그런데 대체적으로 고넬료 정도로 힘 있는 사람일수록 더 시간이 없다고들 합니다. 많은 사람들이 그를 대접하고자 하는지라, 그 대접들을 다 받고 다니려면 시간이 없을 만도 합니다. 그런데 이 사람은 시간을 내서 기도하고 있습니다.

또 이 정도 힘 있는 사람에게는 계속해서 물질이 모이게 되어 있습니다. 그런데 이 사람은 뇌물을 받을 수 있는 자리에 있으면서, 오히려 구제를 합니다. 왜 이러는 겁니까? 이 사람의 생각은 어디를 지향하고 있는 것입니까?

누가 기도합니까? 아쉬울 게 없으면 기도할 일이 없습니다. 자기 생각으로 모든 것을 해결할 수 있고, 자기 능력으로 모든 것을 해결할 수 있고, 자기 재물과 권세로 모든 것을 해결할 수 있다고 생각하는 사람은 고민거리가 무엇이든 간에 기도하지 않습니다. 기도할 이유가 없기 때문입니다. 그런데 지금 이 고넬료라는 로마 백부장은 기도하고 있는 것입니다.

기도는 무엇입니까? 하나님께 도움을 구하는 것입니다. 자기 생각 밖의 생각, 그 생각으로 나아가는 것입니다.

"하나님! 나보다 더 큰 생각을 가지고 우주를 경영하시는 하나님! 나를 당신의 생각 안에 초대하여 주시옵소서. 하나님께서 경영하시는 그 자리에 동참할 수 있도록 이끌어 주시옵소서."

이 강력한 요청과 요구가 기도입니다. 기도는 수양이 아닙니다. 기도는 자기 사고를 탄탄하게 만들어 가는 하나의 방법이 아닙니다. 예수 그리스도 안에서의 기도, 성경 안에서의 기도는 하나님의 도움을 구하러 나아가는 길입니다.

고넬료의 기도를 들으신 하나님께서 그에게 베드로를 만나게 하시고, 성령의 충만함을 경험할 수 있도록 복을 주십니다. 성령 충만함을 맛보셨는지요? 주의 영이 충만하게 우리를 사로잡으며 이끄시는 놀라운 능력을 경험해보신 적이 있으신지요?

고넬료는 바로 이 자리로 나아와, 주의 영이 그에게 충만한 기쁨을 누린 것입니다.

고넬료, 그저 평범하게 보통 사람들이 누리는 일상적인 만족을 추구하며 살아도 되는 사람이었습니다. 그러나 그는 자신의 생각으로 자기 인생을 좁혀버리지 않고, 자신을 생각 밖의 생각으로 이끄시는 하나님께 나아감으로 말미암아 성령의 임재를 경험하는 삶을 살게 되었습니다.

우리도 그리하고 싶습니다. 생각 밖의 생각으로 초대되어지는 능력 있는 인생이었으면 좋겠습니다. 주님 주신 계획 안에서, 주님이 이끄시는 경륜 안에서, 자유롭고 창조적인 삶을 살아가는 우리 인생들이기를 소망합니다.

모든 것을 뛰어 넘어

사랑과 사람의 가치에 대한 관심이 날로 깊어져 가는 사람, 그가 바로 '예수 믿는 사람' 입니다. 사랑과 사람, 바로 이 두 가지를 분명히 해 두어야 진정한 자유와 정의, 진리와 평화를 위한 삶을 살 수 있습니다. 만약 누군가 이 두 가지 기초를 분명히 하지 않고 자유, 평등, 정의를 이야기한다면, 그것은 이데올로기적일 가능성이 농후합니다. 그리고 우리는 예수님을 만났을 때, 바로 이 사랑과 사람의 가치를 가장 정확히 배울 수 있습니다.

장래가 매우 촉망되는 한 청년이 있었습니다. 그는 유대 역사상 가장 위대한 석학(碩學) 세 명 중 한 사람으로 평가받는 가말리엘의 문하로 공부하러 들어갔습니다. 예나 지금이나 위대한 석학들은 아무나 제자로 받아주지 않습니다. 가말리엘 역시, 고르고 고른 최고의 수재들만을 제자로 받았는데, 이 청년이 바로 거기에 입학한 것입니다. 그리고 시간이 흘러 공부를 마칠 때쯤 되었을 때, 그는 거의 가말리엘의 수제자로 불릴 만큼 놀라운 실력을 갖추게 되었습니다. 이렇게 뛰어난 사람이 바로 사도 바울입니다.

그의 율법 지식수준은 정말 대단했습니다. 그런데 안타깝게도 그는 하나님과 사람에 대한 편견에 단단히 사로잡혀 있었습니다. 그가 믿는 하나님을 유대인의 하나님으로 제한시키고, 그가 그토록 위하는 사람의 범위를 유대인으로 제한시키는 뿌리 깊은 편견입니다.

일찍이 하나님께서는 기원전 2천 년경에 아브라함을 택하시고, 그와 그의 후손들을 통해서 온 열방에 복을 주시려는 계획을 세우셨습니다. 아브라함의 후손들을 통해 모든 민족이 하나님의 품 안에서 진정한 자유와 평등과 정의를 누릴 수 있도록 길을 열고자 하셨습니다. 그러나 아브라함의 후손들인 유대인들은 세월이 지나갈수록 하나님의 사랑을 그들 민족 안의 사랑으로 가두어 버리고 말았습니다. 또한 모든 사람을 유대인과 이방인이라는 기준으로 나누고, 유대인에게만 '선민'이라는 가치를 적용시켰습니다.

인류 역사를 보면, 이러한 편견과 차별을 그들만 가지고 있었던 것이 아니었습니다. 그리스 사람들은 자기들은 지혜 있는 사람, 다른 사람들은 야만인이라 여겼고, 중국 사람들은 자기들은 중화(中華)민족, 나머지는 오랑캐라고 불렀습니다. 그리고 유대인들은 자기들은 선민(選民), 나머지 민족들은 이방인이라고 부르면서, 자기들만 하나님의 특별보호를 받는다고 여겼습니다. 하나님의 사랑을 2천 년 동안 받아 누려온 그들이 하나님의 크고 넓으신 사랑을 제한시켜버리고 말았던 것입니다. 사도 바울, 그도 그토록 우수한 엘리트였지만, 이런 이데올로기적인 편견 안에 하나님의 사랑과 사람의 가치를 가둬놓고 이해하고 있었습니다.

그는 이런 확신 때문에, 스데반이 예수를 전파하다가 돌에 맞아 죽어갈 때, 그 자리에 동참해 그 모습을 지켜보며 그의 죽

음을 당연하게 생각했습니다. 한 생명이 죽어가는데도 그것을
당연하게 생각하고, 아무런 가책도 느끼지 않았습니다. 그를 죽
이는 것에 가편 투표를 하면서도 양심의 떳떳함이 있었습니다.

그런 그가 30대 중반 무렵에 다메섹 도상에서
예수님을 만난 이후, 그 편견을 넘어설 수 있게 됩
니다. 비로소 하나님을 유대인의 하나님이 아닌
온 세계의 하나님으로 인식하게 되었고, 선민인
유대인들만이 아니라 모든 인류에게 동일하게
존재하는 사람의 존귀한 가치를 보게 된 것
입니다.

이제 사도 바울은 하나님의 사랑과 사람
의 가치에 대한 편견을 여전히 가지고 있는 과거
동료들의 방해에도 굴하지 않고, 소아시아와 동유럽,
심지어는 로마까지 뛰어다니며 진정한 사랑과 사람의 가
치를 온몸과 마음으로 전파하기 시작합니다. 그렇게 달려온 지
벌써 30여 년의 세월이 흘러 어느 덧 그의 나이도 60대에 접어들
었고, 그는 지금 로마에 와 있습니다. 그토록 오고 싶어했던 로
마에 와 있긴 했지만, 그는 가택연금에 처해져 있습니다.

억울하게 자유를 빼앗긴 채 한 장소에 갇혀 있게 되었으니 자신의 처지를 한탄하며 좌절할 만도 한데, 사도 바울은 그런 상황 가운데서도 여전히 희망과 열정을 품고 여러 사람들을 만납니다. 만나는 사람들에게 진정한 사랑과 사람의 가치를 증거하였으며, 직접 만나지 못하는 사람들에게는 편지를 써 보내기도 합니다.

그렇게 바울이 로마에서 써 보낸 편지 중 하나가 빌레몬이라는 제자에게 보낸 편지입니다. 사도 바울은 일찍이 세 번째 전도 여행을 할 때에 2년 정도 에베소에서 머물렀는데, 그때 두란노라는 사람에게 건물을 빌려서 그곳에서 제자들을 집중적으로 가르쳤습니다. 그때 바울로부터 복음을 전해 듣고 제자로 훈련받았던 사람 가운데 한 명이 빌레몬입니다. 빌레몬은 스승의 기대에 어긋남 없이 그의 고향에 돌아가서 하나님의 말씀대로 살아갈 뿐만 아니라, 그의 가정을 성도들이 모이는 교회로 삼고 주위의 사람들을 주의 말씀으로 양육하는 데에 앞장서고 있는 사람이었습니다. 사도 바울 입장에서는 많은 제자들 중에서도 더욱 가슴에 담고 기뻐할 만한 제자였습니다. 바로 이 제자에게 지금 편지를 써 보냅니다. 그럴만한 이유가 있었습니다.

어느 날, 옥 안에 머물고 있던 사도 바울에게 한 청년이 찾아옵니다. 그는 얼마 전에 예수 그리스도를 통해 사랑과 사람의 가치를 깨닫는 기쁨을 누린 사람이었습니다. 그런 그가 눈시울을 붉히며 고백하기를, 자신이 소아시아 어느 도시에서 도망쳐 나온 종이라는 것입니다.

지금은 신분 체제가 무너진 지 오래이지만, 로마가 온 제국을 다스리고 있을 당시에는 제국 내 노예 수가 6천만 명에 달했습니다. 그들은 태어나서부터 종이었고, 한평생 주인의 뜻대로 살아야 하는 사람이었습니다. 하지만 그런 종 출신 가운데에도 똑똑한 사람이 있었습니다. 한 예로 우리가 잘 알고 있는 '멘토'라는 말의 유래를 들 수 있습니다. 어느 장수가 자신의 종에게 아들을 맡기고 전장으로 나갔다가 오랜 전쟁에서 큰 승리를 거두고 집에 돌아왔습니다. 그 사이, 자기 아들의 키가 부쩍 자랐을 뿐만 아니라, 지식과 인격까지도 훌륭하게 자랐음을 보게 됩니다. 그의 종이 성실하게 교육시켰기 때문이었습니다. 그 종의 이름이 '멘토'였습니다. 이처럼, 태어나보니 어쩔 수 없이 종이었던 것이지, 능력에 따라 정해진 계급이 아니었기에, 종 가운데에도 똑똑하고 능력 있는 사람들이 있었습니다. 오네시모도 그런 사람들 중 하나였던 것입니다.

오네시모, 그는 단지 주인이 시키는 대로 수동적인 삶을 살아야 하는 자신의 현실을 도저히 받아들일 수 없었습니다. 그대로는 삶에 대한 희망조차 품을 수 없다고 느꼈습니다. 그래서 죽기를 각오하고 도망하여 그 먼 로마까지 온 것입니다. 당시 로마 제국은 법을 통해 다스려지고 있었는데, 법 중에서도 가장 엄격한 법은 종이 주인의 허락 없이 집을 이탈하는 경우에 적용되었습니다. 바로 그런 처지에 놓여 있던 오네시모가 사도 바울을 만나 예수님에 관한 이야기를 전해 듣고, 사람과 사랑에 대한 진정한 가치를 알게 된 것입니다.

비록 바울이 예수님에 관한 복음을 가르쳐서, 오네시모에게 사람과 사랑에 대한 진정한 가치를 알려주긴 하였지만, 사회적 신분상의 자유는 주인의 손에 달려 있는 것이었습니다. 그런데 듣고 보니 놀랍게도, 오네시모의 주인이 바로 자신이 에베소에서 가르쳤던 제자인 빌레몬이었습니다.

이 모든 상황을 알게 된 사도 바울은 오네시모와 빌레몬 사이에 당시로서는 어느 누구도 상상할 수 없었던 새로운 관계를 만들기로 결심합니다. 그래서 갖은 정성을 다해서 편지 한 장을 쓰는데, 그것이 바로 빌레몬서입니다. 이 짧은 한 장의 편지를 써서 두기고의 손에 들리고, 그 옆에 오네시모를 세워서 로마에서 소아시아까지 먼 길을 가게 합니다.

그 먼 거리를 도망 나왔던 오네시모는 그의 스승 바울의 요구에 따라 자신이 왔던 길을 순순히 되돌아갑니다. 아마 과거에 그 길로 도망을 나올 때엔, '다시는 돌아가지 않으리라'고 생각했을 것입니다. 돌아가고 싶지 않음은 물론, 돌아간다는 것은 곧 목숨을 잃을 것을 의미하는 것이기 때문입니다. 하지만 바울을 통해 예수님을 만남으로써 진정한 자유와 정의와 평등을 누리게 된 오네시모는 주인과의 관계를 바로 세우기 위해 자발적으로 돌아가고 있는 것입니다. 두기고의 손을 꼭 잡고서 말입니다.

　사도 바울이 이 두 사람의 관계를 그리스도 안에서 새롭게 하고자 하는 꿈을 가지고 정성스럽게 써내려간 편지를 전해 받은 빌레몬은 그 편지를 한 절 한 절 읽어내려 가면서 자기 눈앞에 서 있는 오네시모를 바라봅니다. 한 번도 상상해 보지 못한 이 상황 속에서 빌레몬의 마음은 편치 않았을 것이고, 오네시모는 그런 빌레몬의 눈치를 보며 두려워 떨고 있었을 것입니다.

　"갇힌 중에서 낳은 아들 오네시모를 위하여 네게 간구하노라."

　바울은 안부 인사를 적은 후, 편지 첫 머리에 곧장 오네시모는 자신의 아들이라고 이야기합니다. '갇힌 중에서 낳은 아들'이라는 말 속에 얼마나 뜨거운 바울의 열정과 희망이 담겨 있는지 충분히 짐작할 수 있습니다.

　"나는 네가 순종함을 확신함으로 썼노라."

　이 편지를 받는 수신자 빌레몬에게 사도 바울은 '네가 순종할 것을 믿는다' 라고 말합니다. 빌레몬의 입장에서는 이것을 받아들여 순종한다는 것은 로마의 신분제도, 노예제도를 근본적으로 뒤집어엎는 것을 의미하는 것입니다. 그런데 바울은 빌레몬이 이 제안에 순종해 줄 것을 확신한다는 것입니다.

바울은 자신이 그리스도인이요, 또 자신의 제자 빌레몬도 그리스도인이라는 이유로, 이 세상의 노예제도를 뛰어넘어 오네시모에게 새로운 가능성을 열어주자고 설득합니다. 현대를 사는 우리 입장에서는 이 이야기가 별 것 아닌 것처럼 느껴질 수도 있지만, 당시 상황에서는 실로 혁명적인 말입니다. 지금이야 사람과 사람이 동등한 것이 당연한 일이지만, 당시 사회 제도 속에서는 종과 주인이 형제가 되는 것은 절대로 있을 수 없는 일이었습니다. 로마 제국 내에서 노예제도, 신분제도라는 철옹성은 그 누구도 넘어설 수 없는 경계였습니다. 도망 나간 종을 용서하기 시작하면, 당시 6천만 명이나 되는 종이 로마 사회의 근간을 흔들어 버릴 수 있기 때문에 로마 제국은 도망 나간 종을 처벌하는 일에는 모든 사회적 힘을 이용해 지지했습니다. 그 어떤 사람도 이 제도를 바꿔야 한다고 생각하지 못했습니다.

그런데 그 로마 제국 하에서 지금 사도 바울은 예수 그리스도 안에서 이 신분제도를 뛰어넘고, 노예제도를 철폐하고, 모든 인간이 평등하게 인간으로서의 존엄한 가치를 가지고 새로운 사회적 가능성을 열어갈 수 있도록 하자는 꿈을 꾸고 있는 것입니다. 예수 그리스도 안에서 경계를 넘어서 종과 주인이 형제가 되자는 것입니다. 스승과 제자가 형제가 되자는 것입니다.

과연 예수님은 누구이십니까?

예수님을 만난 바울, 예수님을 만난 오네시모, 예수님을 만난 빌레몬. 이들은 예수님 안에서 한 형제가 되었습니다. 예수님을 만나면 나뉘지 않고, 차별을 두지 않고, 편견을 갖지 않고, 진정으로 사람과 사람 사이가 묶여집니다. 예수님을 진정으로 만나면 모든 것을 뛰어넘게 됩니다.

우리 인생들은 죄를 지을 능력은 있는데, 죄를 사하는 능력은 없습니다. 그래서 우리 하나님께서 독생자 예수 그리스도를 이 땅에 보내셔서 하나님의 공의의 심판대 위에 세우셨습니다. 그것이 바로 십자가입니다. 그리고 이 십자가를 통한 죄 사함의 은혜를 믿고 받아들이는 자에게는 하나님의 자녀 됨의 길을 열어 주셨습니다. 이것은 하나님께서 정하신 길입니다. 만약 인간이 정한 길이라면 아무 의미도 없을 터이지만, 하나님께서 정하셨으므로 분명하고 유일한 길입니다. 우리는 아무 공로 없이 하나님의 은혜로 이 놀라운 길을 갈 수 있는 축복을 받아 누리는 것입니다.

바로 이 복을 받은 사도 바울이 이제 사람들을 향해 자신처럼 그 생명의 길로 나아오라고 초대하는 삶을 살고 있습니다. 빌레몬서는 이런 사도 바울의 삶에서 아주 중요한 부분을 차지하고 있는 인간에 대한 용서, 인간에 대한 경계 허물기의 내용을 압축하여 담고 있는 편지입니다. 모든 것을 뛰어 넘는 이 한 통의 편지는 기적의 편지입니다.

이후 세월이 많이 지나 미국의 16대 대통령 링컨이라는 사람이 이러한 성경의 영향을 받아 큰 감명과 깨달음을 얻었습니다. 단지 피부 색깔이 다르다는 이유로 사람을 노예로 삼아 부리는 것은 옳지 않다고 주장하며, 이 정의를 구현하고자 결심합니다. 이것이 성경의 힘입니다. 그는 1863년 게티스버그에서 유명한 연설을 합니다.

"This nation, under God, shall have a new birth of freedom and that government **of the people, by the people, for the people,** shall not perish from the earth."

원래 이 말은 링컨보다 약 5백여 년 전에 살았던 영국의 존 위클리프(John Wycliffe)가 한 말입니다. 그는 옥스퍼

드 대학을 졸업하고 사제가 되었습니다. 하나님의 말씀인 성경은 그를 자유롭게 하고 정의롭게 하고 평등하게 하였습니다. 그런데 안타깝게도 동시대의 많은 영국 사람들은 그 성경을 읽지 못하고 있었는데, 그 이유는 성경이 어려운 라틴어로 되어 있었기 때문입니다. 그가 라틴어 성경을 영어로 번역하기로 한 사실이 알려지자, 동료 성직자들의 심한 방해가 시작되었고 그는 생명까지도 위협을 받았습니다. 그러나 위클리프는 그 방해를 무릅쓰고 천신만고 끝에 번역을 완료합니다. 이 인고의 과정 끝에 성경 번역을 마친 그는 그 마지막에 다음과 같은 글을 남깁니다.

"Bible has been translated. It shall make possible the government to be **of the people, by the people, for the people.**"

성경을 통해 하나님과 예수님을 만나 진정한 사랑과 사람의 가치를 깨닫게 됨으로써, 그분의 의해 모든 사람들이 자유와 평등과 정의를 위해 스스로 결정하며 살아갈 수 있게 되었다는 놀라운 선언입니다. 이 위클리프의 선언이 약 170년 정도 후에 독일의 마틴 루터에게 영향을 주었고, 또 5백여 년 후에 링컨 대통령에게 강력한 영향을 준 것입니다.

우리의 인생길이 성경 안에 있습니다. 다른 길은 없습니다. 그리스도를 만나 그분 안에서 모든 것을 뛰어넘어, 진정한 사람과 사랑의 가치를 알아가는 아름다운 인생길을 걸어가는 것, 그것이 진정 가장 복된 길임을 믿습니다.

절망을 이기는 힘

모세, 그는 나이 40에 희망을 품었습니다. 절망 가운데 살고 있는 동족들의 고통을 자신의 가슴에 담아내고, 자신의 능력을 동원해서 그들을 돕고 싶었습니다. 그들의 절망스러운 삶으로부터 그들을 탈출시켜서 미래를 꿈꾸는 삶을 살 수 있도록 도와주고 싶은 희망을 품었습니다. 애굽인들은 히브리인들을 향해 끊임없는 폭력을 휘두르고, 히브리인들은 모진 학대와 억압 속에서 신음하고 있는 이 사회구조. 모세는 이 구조를 바꾸고 싶은 희망을 가졌습니다.

그런데 모세의 이 희망은 절망으로 끝나고 말았습니다. 지난 40년 동안 그는 대단한 실력을 갖추었고, 그 실력으로 희망차게 자신이 꿈꾼 일을 시작했습니다. 그런데 상상할 수 없는 절망이 그의 삶을 나락으로 밀어뜨렸습니다. 그는 애굽에서 완전히, '적당히'가 아니라 아예 통째로 뿌리가 뽑혀버렸습니다. 40년 동안 태어나서 자라고, 배우고 익혔던 그 땅을 떠나서 누구도 반겨줄 곳 없는 시내 광야로 몸을 피해야만 했습니다. 절망이었습니다. 희망을 품고 시작한 일이 절망으로 끝나버린 것을 모세는 견딜 길이 없었을 것입니다. 그 절망을 참아내며 40년이라는 세월을 보냅니다.

그러던 어느 날, 하나님께서 모세에게 다가오셔서 다시 희망을 품자고 권유하십니다. 그런데 모세는 선뜻, 그 희망을 자신의 마음에 받아들이려 하지 않습니다. 40년 전의 절망이 얼마나 그의 가슴을 짓누르고 있었는지 짐작해 볼 수 있습니다. 모세가 한 발 물러서자 하나님께서 다가서십니다. 그가 또 한발 물러서자 하나님이 다시 다가서십니다. 하나님께서는 자꾸만 뒤로 물러서려는 그를 붙들고 다시 희망을 말씀하십니다.

놀랍게도, 모세는 나이 80에 다시 한 번 희망을 품습니다. 하나님과 더불어 그 꿈을 현실로 만들기 위해 애굽에 간 그는, 6개월 동안 하나님의 인도하심을 힘입어 애쓰고 헌신한 끝에, 결국 출애굽이라는 놀라운 역사를 일으키게 됩니다. 드디어 민족 전체에 희망의 날이 찾아온 것입니다. 모두가 다 그 희망을 노래하고, 즐겁게 춤추며 기뻐했습니다. 애굽 군대에 의해서 잠시 잠깐 두렵기도 하였으나, 하나님의 도우심으로 홍해를 건너, 시내 산에 도착할 수 있었습니다.

시내 산에서 1년 동안 하나님께서 그들에게 주시는 장래의 희망이 무엇인지를 들으며 그들의 가슴이 뛰었습니다. 1년이라는 시간 동안, 예전에는 듣지도 보지도 못했던 놀라운 하나님의 축복과 선물들이 주의 율례와 규례와 법도라는 형태를 띠고 그들의 삶에 깊숙이 다가왔습니다. 언제 그들이 노예였냐는 듯이, 지금 그들이 꿈꾸고 있는 수준은 상상을 초월할 정도로 높고 놀라웠습니다. 지난 오랜 시간 동안, 이웃의 숫자가 몇 명인지, 공동체원의 숫자가 몇 명인지 파악도 못한 채 살고 있었지만, 1년 만에 그 모든 것을 다 파악했고, 이제 각 지파별로 정리정돈까지 마치고 나니, 어느새 자신들이 정말 멋지고 아름다운 공동체의 모습을 이루고 있음을 알게 되었습니다.

드디어 이들이 시내 산에서 1년을 머물고 더 큰 희망, 더 큰 꿈을 위하여 가나안을 향해 진군합니다. 그러나 가데스바네아에 도착한 그들은 정탐꾼들의 보고를 듣고, 가나안 진군을 포기하자고 주장하기에 이릅니다. 그곳에는 절망이 기다리고 있다고 생각한 나머지, 다시 애굽으로 돌아가기를 원합니다.

이 순간 모세의 절망이 어떠했을까요? 모세의 눈에 비친 그 상황은 정말 죽기보다 더 어려운 절망의 상태였을 것입니다. 지난 1년 6개월에 걸쳐서 꿈꿨던 온 민족의 희망이 한 순간에 무너지는 절망, 그것이 바로 그 상황에서 모세가 느낀 절망이었을 것입니다. 도대체 이 절망을 어떻게 해야 합니까.

지금까지 그는 민족 전체를 가슴에 끌어안고 죽느냐 사느냐 하는 기로에서 수많은 고비들을 넘어왔습니다. 정말 큰 꿈과 희망을 품고 그들을 출애굽 시켜서 1년간 준비했고, 이제 막 가나안을 향해 진군 중인데, 60만 명이 자기를 죽이겠다고 나오는 것입니다. 한두 사람이 내 뒤에서 흉을 봤다고 해도 저녁에 잠이 안 오는 법입니다. 그런데 60만 명이 자신을 죽이겠다고 앞에서 돌을 들고 서 있는 것입니다.

그런데 모세는 완전히 무너진 그 절망감 속에서도 희망을 품습니다.

"이제 구하옵나니, 하나님, 저들을 용서하여 주시옵소서. 저들의 헛된 생각, 잘못된 결정을 용서하여 주시옵소서."

이렇게 희망을 품습니다. 용서하고 다시 한번 시작하자는 것입니다. 이것이 지금 모세의 기도입니다.

모세가 절망 속에서 품은 희망은 바로 '하나님의 용서'입니다. 하나님의 보석 상자 안에 들어있는 '용서'라는 보석을 모세는 잘 알고 있었던 것입니다. 하나님께서 용서하십니다. 우리 민족을 용서하시고, 우리 공동체를 용서하시고, 우리 교회를 용서하시고, 우리 가정을 용서하시고, 우리 개인들을 용서하시며, 끊임없이 용서하십니다. 하나님의 그 끊임없는 용서, 그것이 희망입니다.

갈릴리에서 예수님을 만난 여인들의 이야기입니다. 로마가
온 세계를 지배하고 있을 때, 유대인들은 기본적으로 정치 사회
지도자가 되는 희망은 가질 수 없었습니다. 그런 길은 근원적으
로 막혀 있기 때문입니다. 그럼에도 불구하고 대제사
장들, 서기관들은 종교적, 경제적인 측면에서 볼
때, 사회적 희망이 좀 있었던 사람들입니다. 그
러나 그 외의 많은 사람들, 소위 민중에 해당되
는 평범한 사람들에게는 별 희망이 없었습니다.
그저 하루하루의 일상적인 작은 것에서 행복감
을 맛보며 살고 있었습니다. 그 여인들도 그
러했습니다.

그런 그들이 예수님을 만났습니다. 그
리고 희망을 품기 시작했습니다. 예수님의
말씀을 듣고 나서 보니, 인생이라는 게 새로웠
습니다. 그저 평범한 것 같지만, 그 안에서 하나님
의 사랑을 발견하게 되었고, 하나님의 나라를 가슴에
꿈꾸게 되었습니다. 그래서 3년 동안 예수님 곁을 떠나지 않았
습니다. 예수님이 매일매일 출석을 불러서가 아니라, 예수님이
좋아서, 그분 곁에 다가가서 그분의 말씀을 듣고 그분의 일에 협

력하는 게 기쁘고 좋아서 그분을 떠나지 않았습니다.

어느덧 3년 세월이 지났습니다. 그 3년 동안 예수님께서 아름다운 말씀을 많이 해주셨고, 그 말씀은 항상 그들의 마음속 깊이 새로운 희망을 주는 삶의 원천이었습니다. 그런데 가끔 예수님께서는 이해하지 못할 이야기들을 종종 한마디씩 하셨습니다. 그 말씀은 당신께서 십자가에 못 박혔다가 부활하실 것이라는 이야기였습니다.

그런데 3년이 지난 어느 시점에, 대제사장과 서기관들, 바리새인들, 그들의 결탁으로 예수님이 로마 총독의 손에 의해서 십자가 처형을 당하게끔 넘어가버린 것입니다. 유대인들에게 로마 총독과 그 총독이 휘하에 부리고 있는 군인들은 공포의 대상입니다. 예수님이 바로 그들의 손에 넘어가시더니, 재판이 너무나 일사천리로 진행되었고, 결국 예수님이 십자가에 못 박혀 돌아가시고 맙니다.

제자들은 다 도망하고 말았습니다. 예수님이 십자가 처형을 당하는 그 상황에서, 누군가의 눈에 띄면 자기들도 목숨을 잃을지도 모른다는 두려움 때문이었습니다. 예루살렘에서 갈릴리로, 정말 멀리도 도망갔습니다.

그런데 갈릴리에서부터 예수님을 섬기기 위해서 좇아온 여인들은 예수님께서 십자가 위에서 처형을 당하실 때, 그 근처에 머물러 있었습니다. 그만큼 이들은 사회적 관점에서 볼 때 비중이 없는 사람들이었고, 그래서 누가 누군지 잘 분별이 안 되는 평범한 사람들 가운데 섞여 있었던 것입니다. 이들이 십자가에 달리신 예수님을 하염없이 바라보고 서 있습니다. 그 무력감. 그 절망감…. 참 신앙의 대상이었고, 자신들에게 삶의 진정한 의미를 가르쳐 주시던 스승이 그렇게 무력하게 십자가에서 피를 흘리고 계신 것을 바라보는 힘없는 여인들의 절망감.

그런데 이 여인들이 3일 후에 예수님의 무덤을 앞에 보고 서 있습니다. 3일 후에 부활하실 거라고 하셨던 예수님의 말씀을 기억하고 지금 예수님 무덤 곁에 찾아와 있는 것입니다. 이 여인들의 기대의 근거는 우리 예수님께서 주셨던 약속의 말씀이었습니다.

우리 예수님께서는 왜 십자가로 가셨습니까. 궁극적으로는 희망을 품을 수 없는 인생들을 위해서 희망의 보석을 캐 오시려고 십자가를 지시고 절망의 깊은 동굴로 들어가신 것입니다. 그분은 끝내 십자가 속에서 인생들을 위한 진정한 희망의 보석을 캐 오셨습니다. 그 보석의 이름은 바로 '용서' 입니다.

모든 인생들이 다 하나님의 형상을 품고 태어나긴 하였지만, 그 본모습 그대로 살지 못하고 죄악 된 길로만 가고 있었습니다. 그런 우리의 모습을 보신 하나님께서 그의 아들 독생자 예수로 하여금 대속의 십자가를 지시게 함으로써 우리의 모든 죄악을 그분을 통해서 해결하신 것입니다. 용서하신 것입니다. 사랑하지 않으면 용서하실 리 없습니다. 하나님의 용서, 하나님의 사랑과 십자가를 통한 용서 속에 우리의 궁극적인 구원의 희망이 있습니다.

우리는 하나님의 사랑 안에서 끝까지 희망을 품고 사는 인생들입니다. 예수 그리스도의 구속과 죄 사함의 능력으로 말미암아 하나님의 자녀 됨의 권세를 얻었기에, 우리의 삶은 끝내 참 승리요, 희망입니다.

절망을 이기는 힘, 그것은 예수 그리스도의 십자가입니다. 이 희망을 품은 자로서 우리는 때때로 피곤하고 조금은 힘이 들더라도, 높이 날아오를 수 있습니다. 세상의 많은 일들이 우리를 절망으로 밀어간다 할지라도 거기에 굴하지 않고 다시 일어서서, 여호와를 앙망하며 새 힘을 얻고 정말 아름답고 멋진 인생을 하나님 앞에서 살아가길 원합니다. 우리에겐 희망이 있습니다. 하나님의 용서, 하나님의 사랑이 근본적으로 우리 인생을 다시 새롭게 세웠기 때문입니다.

다시 시작의 은혜

나오미라는 여인이 있었습니다. 이 여인은 사사시대에 베들레헴에서 살던 사람입니다. 사사시대라고 하면, 시대 전체의 사람들 대부분이 하나님의 뜻을 저버리고 자기들의 뜻과 의지대로 살아갔던 어두운 시대입니다. 바로 그런 시대 속에서 나오미라는 여인은 엘리멜렉이란 남편과 베들레헴에서 살고 있었습니다. 그런데 베들레헴에 심한 흉년이 찾아오자 나오미와 그의 가족들은 조상 대대로 살아온 삶의 자리를 박차고 일어났습니다. 사사

시대의 흉년은 그들을 교훈하시는 하나님의 징계였습니다. 그러므로 흉년이 임하면 징계를 달게 받으면서 다시 일어날 수 있는 기회를 기다려야 했는데, 나오미는 남편과 함께 모압이란 나라로 이민을 떠나고 만 것입니다. 그리고 그곳에서 십여 년의 세월을 보내게 됩니다.

모압 땅에서 두 아들을 결혼시키는 기쁜 일도 있었습니다. 하지만 결국 십 년 만에 나오미는 남편을 잃고, 두 아들도 먼저 떠나보내고 맙니다. 도대체 인생이 이게 뭔가 싶었을 것입니다. 나오미의 인생은 거기에서 완전히 끝난 것 같았습니다. 그는 자신의 삶을 천천히 되돌아보며 어쩌다 이렇게 되었는지를 깊이 생각해 본 결과, 십여 년 전 자신의 선택이 현명하지 못했다는 결론을 내리게 됩니다. 그리고 이렇게 고백합니다.
"하나님께서 내 인생을 괴롭게 하셨구나."
이 사실을 고백한 나오미는 더 나아가 자신의 고통과 슬픔 가운데 하나님께서 함께해주셨음을 깨달았습니다. 그래서 다시 그 하나님 앞에 돌아가 무릎을 꿇기로 결심합니다.

돌아보니, 자신의 곁에는 두 명의 며느리가 남아 있었습니다. 하지만 계속 자신이 모압 땅에 남게 되면, 앞으로 살아가야

할 인생이 창창하게 남아 있는 두 며느리가 결국 늙은 자신을 책
임져야하는 버거운 짐을 짊어질 상황이었습니다. 그래서 두 며
느리는 친정으로 돌려보내고, 자신만 홀로 베들레헴으로 돌아가
기로 결심합니다. 그런데 두 며느리 중 둘째 며느리 룻이 반드시
어머니를 따르겠다는 결심을 밝힙니다. 결국 나오미는 며느리
룻과 함께 십 년 전에 떠나왔던 자신의 고향 베들레헴으로 돌아
오게 됩니다.

　　베들레헴에 도착하자 자신이 그 곳을 떠나오던 뒷모습을 다
지켜보았던 친구들이 모두 나오미를 알아보고 맞이해 줍니다.
　　"오래간만이에요, 나오미. 십 년 전에
당신이 나가는 모습을 생생히 지켜보
았는데 이제 베들레헴으로 다시 돌아왔
군요."
　　나오미는 이렇게 자신을 맞이하는
이들에게 자신이 깨달은 것을 솔직
하게 고백합니다.
　　"십 년 전에 당신들이 흉년 가운데
고생할 때 나는 흉년을 피해 풍요롭게 나
갔는데, 결국 십 년 만에 볼품없는 모습으로 돌아오고

말았습니다. 나는 여호와 하나님 앞에 벌을 받은 부끄러운 자입니다."

지금 나오미의 모습은 충분히 이런 고백이 나오고도 남을 만큼 초라한 모습이었습니다. 그럼에도 불구하고 나오미는 그 부끄러움을 무릅쓰고 용기를 내어 하나님이 이끄시는 땅, 하나님이 보살피는 베들레헴으로 돌아온 것입니다.

돌아오긴 하였지만, 땅도 없고 재산도 없습니다. 끓일 양식이 없는 빈궁한 생활 속에서 나오미는 자신을 봉양하겠다고 따라온 며느리를 밖으로 내 보내 이삭을 주우라고 할 수밖에 없었습니다. 며느리가 주워온 이삭을 빻아가지고 근근이 양식을 삼으며 하루하루를 보내야 했습니다. 비록 남편과 두 아들은 자기 곁을 떠났지만, 자신과 함께 온 며느리 룻의 생각이 얼마나 깊은지 모릅니다. 하나님의 놀라우신 생각을 가슴에 품고 사는 룻의 모습은 바라만 봐도 뿌듯하고 기특하였습니다.

마침내 그 며느리 룻은 하나님께서 정하신 율법 절차에 따라 보아스라는 사람과 결혼하게 됩니다. 그리고 룻은 보아스와의 사이에서 낳은 아이를 그의 시어머니 나오미의 양자가 되게 하고 십 년 전 팔았던 땅을 되찾아 함께 넘겨주어, 시어머니가 남은 생을 평안하게 꾸려갈 수 있도록 합니다. 하나님 품안에서 나오미의 인생이 끝내 아름다운 모습으로 변모되었음을 알 수 있습니다.

나오미의 주변 여인들, 즉 나오미의 과거 친구들이 이 같은 사실을 봅니다. 그 친구들은 나오미가 십여 년 전 어떻게 베들레헴을 떠났는지 그 뒷모습을 다 기억하고 있고, 또 십 년 후에 나오미가 얼마나 초라한 모습으로 베들레헴에 돌아왔는지를 다 알고 있는 사람들입니다. 그런데 이 여인들이 나오미의 삶을 지켜보고 있다가, 품에 양자를 안게 된 나오미를 보며 하나님을 찬양합니다.

"비록 네가 남편과 두 아들을 잃었지만 일곱 아들들보다 더나은 며느리가 낳은 아들을 얻었구나. 이 아들이 너의 아들이 되었으니 얼마나 너의 삶이 복된지 모르겠다."

주변의 친구들이 이제 나오미의 아들이 된 어린아이의 이름을 붙여줍니다. 늙은 여인이 복덩이 아기를 낳았다는 뜻을 담아서 '오벳'이라는 이름을 붙여주었는데, 이 오벳의 아들이 이새이고, 그 이새의 아들이 바로 다윗입니다. 결국 이 집안이 이스라엘의 새로운 역사를 이끄는 아주 중요한 가문이 되는 것입니다.

보통 사람들이 나오미 같은 삶의 조건에 처해진다면, 모압에서 베들레헴으로 돌아온다는 것은 거의 불가능한 일입니다. 돌아와도, 우울증 걸리기에 딱 알맞은 삶의 조건이지요. 그런데 나오미는 하나님 앞에 자신의 삶을 다시 세웠습니다. 전능하신 하나님께서 나를 괴롭게 하시면서 그분도 같은 마음으로 괴로우셨을 텐데, 그분이 나의 삶을 새롭게 시작하셨으니, 나도 하나님 안에서 나의 삶을 새롭게 열어가겠다고 다짐하며 일어났던 것입니다. 지난 과거의 아픈 흔적들을 덮고 다시 시작한 것입니다.

다시 한 번 하나님의 품을 선택하고 되돌아왔을 때, 하나님 앞에 무릎을 꿇었을 때, 하나님께서는 이 여인의 삶을 끝내 아름답게 이끌어주셨습니다. 과거에 붙들려 오늘을 살지 않고, 하나님의 큰 역사 안에 자신의 인생을 맡길 때, 하나님께서는 다시 시작할 수 있는 은혜를 베풀어 주십니다.

큰 걸음으로 달려

12월이 되면, 가장 먼저 생각나는 날이 있습니다. 바로 우리 예수님이 이 땅에 오신 날을 기념하는 성탄절입니다. 그러나 근래에 들어오면서 성탄절의 참다운 의미는 조금씩 퇴색되고, 선물을 상징하는 산타클로스가 성탄절의 주인공이 되어가는 것 같습니다. 성탄절을 가장 기뻐하는 사람은 백화점 주인일 거라는 생각이 들 정도로, 서로 선물을 주고 받는 것이 성탄절의 중요한 행사로 자리잡았습니다. 성탄절의 본 의미를 찾아내려는 노력보다는 성탄절을 통해서 이득을 챙기려고 하는 많은 사람들이 신문이나 텔레비전 광고를 통해서 끊임없이 물질의 소비를 부추기고, 그 결과 매스미디어로부터 크게 벗어날 수 없는 삶을 살고 있는 현대인들은 성탄절의 의미를 선물을 주고받는 날 정도로 받아들이는 데에 이르지 않았나 하는 생각을 하게 됩니다.

우리는 성탄의 참 의미에 감사하면서, 동시에 다시 오실 주님을 기다리며 기쁨 가운데 사는 인생들입니다. 부활 승천하신 그분이 다시 오시리라는 사실을 믿는 우리는 주님이 처음 오신 날을 성탄절로 기념합니다.

성탄절은 어떤 날입니까? 진정한 성탄절의 의미는 무엇입니까? 성탄절은 우리 예수님이 큰 걸음으로 우리에게 달려오신 날입니다. 나를 위해 이 땅에 오신 예수님을 생각하면서 그 사랑의 깊이를 헤아려 보게 되는 날입니다.

우리 주님이 큰 걸음으로 달려오신 그 모습을 떠올리면서 나를 위해서 오신 주님에 대한 감사와 기쁨을 되새겨봤으면 합니다.

우리 주님은 이천 년 전에 이 땅에 오셨습니다. 그때 시대는 로마가 제국주의를 펼치던 때였습니다. 그런데 우리 주님은 마리아와 요셉이라는, 그 당시 사회적으로 보면 힘이 없는 사람들을 통해서 오셨습니다. 기왕이면 로마의 힘 있는 사람의 자녀로 이 땅에 오셨을 수도 있었을 텐데 말입니다. 당시 로마 황제는 거의 신과 같은 존재였고, 그의 권력은 실로 막강했습니다. 하지만 피정복민으로서 로마의 다스림을 받아야 되는 유대 같은 나라는 힘이 없었고, 그 유대에서도 목수생활을 하는 나사렛 요셉이나 또 그 요셉의 정혼자인 마리아는 사회적으로 매우 하찮은 취급을 당하는 위치의 사람들이었습니다. 그런데 바로 이 요셉과 마리아를 통해서 우리 주님이 오신 것입니다.

우리 주님은 전능자시고 기묘자시고 평강의 왕이시고 살아계신 하나님이심에도 불구하고, 인간들의 죄를 대속하시기 위해 인간의 몸으로 이 땅에 오셔서 인간의 고난과 고통을 다 경험하십니다. 마리아가 성령으로 잉태해 있을 무렵에, 그 당시 로마를 다스리던 황제 아우구스투스가 명령을 내렸습니다. 로마가 다스리는 모든 나라에 있는 사람들은 다 자기 고향으로 돌아가 호적하라는 것이었습니다. 이유는 세금을 더 효과적으로 더 많이 거두기 위해서였습니다. 따라서 로마의 통치 하에서 살고 있는 모든 사람들은 가장 힘 있는 황제의 명령을 좇아서 자기가 지금 현재에 살고 있는 곳이 고향이면 그곳에서, 현재 살고 있는 곳이 타향이면 고향에 가서 호적해야 했습니다.

마리아와 요셉은 북쪽 갈릴리 나사렛에서 살고 있었지만, 그들의 고향은 남쪽의 베들레헴이었습니다. 나사렛에서 베들레헴까지는 상당히 먼 거리였고, 형편 같아서야 그 먼 곳까지 가고 싶을 리 없지만, 그 시대의 어느 누구도 황제의 명령을 거역할 수는 없었습니다. 그래서 마리아와 요셉은 그 먼길을 발걸음해야만 했습니다. 어렵사리 베들레헴에 도착했는데, 머물 곳이 없어서 마구간을 택할 수밖에 없었습니다. 산파도, 산부인과 의사도 없는 그런 상황에서 예수님이 태어나셨고, 아기 예수님은 거친 강보에 싸여 말구유에 놓이셨습니다.

그렇게 우리 주님이 오셨습니다. 별로 가진 게 없는 아주 평범한 가정을 통해서 이 땅에 오셨습니다. 세상에서 힘센 사람들,

잘났다고 자부하는 사람들의 방식이 아닌, 섬김의 방식으로 오셨습니다. 그렇게 이 땅에 오신 우리 주님은 섬김의 방식으로 인생들의 삶을 어루만지시며 인생들의 삶에 영향력을 행사하기 시작하십니다. 이같은 놀라운 사실을 깊이 관찰한 사도 바울은 예수 그리스도를 '하나님의 비밀' 이라고 칭했습니다.

우리 예수님이 누구십니까? 그분은 하나님의 비밀입니다. 그분의 공생애 사역만이 하나님의 비밀에 해당되는 것이 아니라, 그분이 오시는 일부터 그분이 부활승천하시는 일까지 모두가 하나님의 비밀이라고 사도 바울은 골로새서에서 밝히고 있습니다. 하나님의 이 비밀은 놀라운 것입니다. 우리가 성탄절을 맞이할 때마다 이 하나님의 비밀의 출발을 생각해 보고, 그 의미를 깊이 묵상하고 찾아봐야 할 것입니다. 이 놀랍고 아름다운 하나님의 비밀을 깊이 생각해보지 않은 채, 겉에 드러난 반짝이고 화려한 것들에 우리의 관심이 쏠려서는 안 될 것입니다.

우리 인생이, 특히나 그리스도인들이 하나님의 비밀에 깊어질 이유가 있겠습니다. 그리고 그 비밀의 시작이 성탄절이요, 그 비밀이 제대로 밝혀지는 때는 예수님이 재림하셔서 모든 세상을 의와 공평으로 다시 정돈하실 때임을 기억해야겠습니다. 아름다운 비밀의 시작, 온 인류를 평화와 구원의 소식으로 이끌기 위해

서 우리 구주 예수님이 이 땅에 오심이 바로 하나님의 비밀의 시
작입니다.

성탄절은 그저 선물을 교환하며 들뜬 마음으로 재미있게 보
내는 날이 아닙니다. 그 안에는 놀라운 비밀이 담겨 있습니다.
우리 자신이 얼마나 볼품없고, 초라하고, 이기적인 존재들인지
스스로 조금만 생각해 보면 알 수 있습니다. 이런 우리를 사랑의
자녀로 삼으시기 위해서 우리 주님이 큰 걸음으로 달려 이 땅에
찾아오셨다는 사실이 성탄의 기쁨이요, 신비요, 비밀이 아니겠
습니까.

먼 곳에서 찾아오신, 그 **큰 걸음
으로 달려오신 예수님**의 본 모
습을 성탄절을 통해서 다시 한 번
헤아리고 깨우치며 그것이
우리를 향한 사랑이요, 하나
님의 크나큰 구원계획이라
는 사실을 가슴으로 느끼길 바
랍니다.

그리고 우리 주님이 그렇게 우

리를 찾아오셨듯이, 우리도 주님이 원하시는 **사람들을 큰 걸음으로 달려 찾아갔으면** 좋겠습니다. 오고 오는 성탄절에는 누군가를 찾아가, 우리 주님의 큰 사랑을 전하는 아름다운 그리스도인의 삶을 살기를 소망합니다.

2.
연약한 나를 안아주시는
하나님, 사랑합니다

이와 같이 성령도 우리의 연약함을 도우시나니 우리는 마

땅히 기도할 바를 알지 못하나 오직 성령이 말할 수 없는

탄식으로 우리를 위하여 친히 간구하시느니라

- 로마서 8장 26절

칠흑 같은 밤에도

19세기의 한 유명한 감리교 감독에 관한 이야기입니다. 그는 말년에 중병에 걸려 죽을 날이 임박했는데도 불구하고 주변 친구들을 아무도 만나주지 않았습니다. 그는 그가 누워있는 곳에 아무도 들어오지 못하게 했는데, 유독 법률가이자 정치가였던 한 친구는 만나고 싶어했습니다. 그 친구가 중병에 걸려 있는 그 감독을 찾아와 안쓰럽게 바라보면서 그 이유를 물었습니다.

"다른 친구들은 만나지 않으면서 꼭 나만을 만나는 이유는 무엇인가?”

그는 은연중에 자신이 그 시대의 힘 있는 법률가요, 정치가여서 만나주는 것으로 착각하고 있었습니다. 그 감독은 이렇게 대답했습니다.

“나는 곧 죽는다네. 그래도 이전까지 만나온 수많은 친구들은 천국에서 다시 만날 기회가 있는데, 영생도 모르고, 하나님도 모르는 자네는 이제 헤어지면 영원히 만날 기회가 없지 않나. 그래서 만나자고 했네.”

이 말을 듣고 충격을 받은 그 친구는 자신의 잘못된 생각과 오해를 깨닫고 돌이켜 하나님을 믿게 되었다고 합니다.

살다보면 인간과 인간 사이에 오해가 있을 수 있습니다. 그런데 오해는 거기에만 있는 것은 아닙니다. 하나님과 인간 사이에도 오해가 있을 수 있습니다. 물론 하나님은 우리 인생들을 오해하지 않으십니다. 창조 이래 지금까지 이 땅에 존재했던 수많은 인생들을 향해서 그분이 오해하신 적은 단 한 번도 없습니다. 문제는 우리 인생들이 하나님을 오해한다는 것이지요. 과거 역사를 들춰보

면, 하나님을 향한 인생들의 오해의 역사였다고 표현해야 할 정
도로 인간들은 자신들의 짧은 생각을 기준으로 하나님을 오해했
던 적이 너무나 많습니다. 하나님께서는 이런 인생들의 오해 속
에서 칠흑 같은 밤을 지새운 적이 많으십니다.

가데스바네아에서의 어느 날, 그날도 하나님께서 인생들에
게 큰 오해를 받으십니다. 하나님께서는 이스라엘 백성들을 사
랑하고 아끼셔서, 모세를 통해 노예로 살고 있는 그들을 출애굽
시키셨습니다. 보듬어 안아서 애굽에서 광야로 데려오셨다는
표현이 가장 적절할 만큼, 하나님께서는 낮에는 구름
기둥으로, 밤에는 불기둥으로 그들을 정성스레 보
살피시며 출애굽 시키셨습니다. 그리고 1년 동안
그들을 시내 산에 머물게 하시면서, 인생이 얼마나
복되고 아름다운 것인지, 하나님과의 바른 관계가
무엇이며 어떻게 그 관계를 맺어가야 하는지 하나
하나 가르쳐 주셨습니다.

다행스럽게도 이스라엘 백성들은 그같은 하나
님의 진심을 이해하는 것 같았습니다. 이스라엘 백성
들은 출애굽기 후반부에 있는 주의 율례와 계명과 법도의

말씀, 그리고 레위기 전체의 말씀을 받아 누리는 복을 받았습니다. 그 내용들은 한결같이 사람이 하나님 안에서 얼마나 복되고 아름답고 행복하게 살 수 있는가에 관한 내용들이었습니다. 이 놀라운 축복을 가슴에 담은 그들이 드디어 시내 산을 떠나 그들과 그들의 후손이 살아야할 약속의 땅 가나안을 향해 진군해 가던 중 가데스바네아에 머물게 되었습니다.

이제 곧 가나안입니다. 그런데 가나안에는 이스라엘 백성들이 들어오는 것을 막기 위해 단단히 무장하고 있는 일곱 부족들이 있었습니다. 이 상황에서 이스라엘은 가나안을 먼저 정탐한 후에 그곳을 점령하는 것이 좋겠다는 제안을 하게 되고, 하나님은 그 제안을 받아들이셔서 정탐꾼을 뽑으라 하십니다. 여호수아와 갈렙을 비롯해 각 지파에서 대표로 뽑힌 열두 명의 정탐꾼들은 40일 동안 가나안 곳곳을 샅샅이 살펴보게 됩니다. 이윽고 정탐은 무사히 끝났으나 문제가 생깁니다. 그 문제는 다름 아니라, 그 열두 명의 정탐꾼들 중 열 명이 가나안에 살고 있는 아낙 자손이 워낙 힘이 센 자들이라서 그들과 싸우면 승산이 없을 것이라는 판단을 내린 것입니다. 그리고 그런 그들의 의견이 모든 이스라엘 백성들의 마음을 요동치게 한 것입니다.

물론, 아낙 자손과 자신들을 비교해볼 때 객관적으로 전력이 차이 나는 것이 사실입니다. 그럼에도 불구하고 그들이 잊지 말고 기억해야 할 것이 있었습니다. 자신들과 애굽인들을 비교하면, 애굽인들은 상상을 초월할 정도로 힘 센 자들이고 자신들은 그들 밑에서 수백여 년 동안 노예로 지냈어야 할 만큼 힘없는 자들이었다는 사실입니다. 출애굽은 자신들의 힘이 아니라 하나님의 능력과 그분의 이끄심으로 이루어진 일이었고, 이곳 가데스 바네아에 오기까지도 그분의 도우심 가운데 안전할 수 있었습니다. 그들은 하나님의 놀라운 능력을 이미 1년 동안이나 경험해 온 자들입니다. 그런데 지금, 아낙 자손과 비교해보니 자신들은 힘이 없고, 그러므로 그들과 싸우면 분명 지고 말 것이기에 가나안으로 진군할 수 없다고 의견을 모은 것입니다. 안타깝게도 모세와 여호수아, 갈렙 등 몇몇 소수를 제외한 60만 명 전체가 모두 그 판단에 동의해버리고 말았습니다. 그들은 가나안 진군을 포기하고 애굽으로 돌아가자는 결론을 내려버립니다.

그들의 능력만 가지고 가나안으로 진군한다면 분명 실패할 수도 있었을 것이고, 따라서 그들의 판단이 옳은 것일 수도 있습니다. 하지만 그들은 하나님과 함께하고 있으며, 하나님과 함께 가나안에 진군하는 것입니다. 출애굽이라는 경험을 백 년 전, 천 년 전에 한 것이 아니라 불과 1년 전에 했으며, 지난 1년의 시간 동안에는 시내 산에서 하나님과 깊은 만남도 가졌습니다. 그런데 그들은 하나님이 애굽에서 잘 살고 있는 자기들을 이끌어내어 광야에 머물게 하다가 가나안 족속들과 싸움을 붙여서 다 죽이려 한다고 하나님을 오해합니다. 하나님에 대한 정말 지독한 오해가 아닐 수 없습니다.

하나님은 그들의 그런 오해를 받으시며 칠흑같이 어두운 밤을 보내셔야 했습니다. 얼마나 속상하고, 아프셨을까요. 어리석은 몇몇 사람들이 철모르고 하는 이야기도 아니고, 한 시대를 이끌 수 있을 만한 굵직한 지도자 열 명이 앞장서고, 모든 백성들이 하나같이 그들의 판단에 동의하고 나올 때, 얼마나 답답하셨을까요. 하나님이 그들을 사랑하고 보듬어 안아 여기까지 이끄셨다는 사실은 까맣게 잊어버린 채, 하나님이 자신들을 가나안과 싸우게 해서 다 죽이려 한다는 기가 막힌 오해들을 쏟아놓을 때, 속이 얼마나 상하셨을까요.

그런데 그처럼 지독한 오해를 받으신 그 칠흑 같은 밤에도 하나님께서는 이스라엘 백성들이 그 다음 날 아침에 먹을 만나를 내려주고 계십니다. 벌써 1년 전부터 그들에게 주기 시작하셔서 안식일을 제외하고는 매일 밤마다 하늘의 문을 열어 소복이 내려주셨던 그 하늘의 양식을 그 밤에도 어김없이 내려주시는 것입니다. 낮에 그토록 하나님을 원망하며 대들었던 이스라엘 백성들이 모두 잠이 든 그 시간, 속상한 마음 쓸어내릴 길도 없이 하나님께서는 또 다시 이스라엘 백성들을 위해서 밤새 소복소복 만나를 내려주고 계십니다.

이 후로도 40여 년 동안 광야 생활을 할 때에 하나님께서는 이스라엘 백성들이 어떠한 어리석은 행동을 할지라도 매일매일 쉬지 않고 만나를 내려주십니다. 달리 양식을 변통할 수 없는 광야라는 한계상황 가운데 처한 이스라엘을 위해 쉼 없이 만나를 공급하심으로써 그들의 생명을 보전하여 주십니다. 오해를 받아 칠흑 같은 밤을 보내고 계시는 하나님께서 그럼에도 불구하고 인생들을 끌어안고 용서하며 사랑하시는 장면을 읽을 때마다, 그 크신 사랑 앞에 감격하지 않을 수 없습니다.

　호세아는 아주 인품이 훌륭하고 성실해서, 그 시대의 모범이 될 만한 사람이었습니다. 그런데 하나님의 명으로 그는 자신과는 정반대되는 인격의 소유자인 여인인 고멜을 만나 결혼하게 됩니다. 이 여인은 남편의 순수하고 진실한 사랑을 제대로 이해하지 못하고, 고귀한 남편을 만났음에도 불구하고 결혼하기 전의 삶의 방식을 쉽게 벗어버리지 못합니다.

　어느 날 보니 고멜이 남편 아닌 다른 남자를 따라 집을 나가 버리고 없었습니다. 더 이상 아내를 찾아 나서고 싶지 않았습니다. 그러나 하나님께서는 그럼에도 불구하고 이전까지 그녀를 진실하고 소중하게 사랑했던 것처럼 순수하게 다시 사랑하라고 명하시며, 고멜을 찾아오라고 말씀하십니다. 호세아가 부인을 찾으러 갔더니 함께 있는 그 남자가 은 열다섯 냥을 주고 부인을 데려가라 합니다. 속이 말이 아니었겠지만, 호세아는 은 열다섯 냥과 보리를 들고 가서 자신의 부인을 데려옵니다.

그처럼 기가 막힌 상황을 당하며 호세아는 알게 됩니다. 하나님 보시기에 이스라엘 백성들이 바로 고멜과 같은 존재였던 것입니다. 하나님은 이스라엘 백성들을 보시며 호세아가 고멜을 향해 품고 있는 것 같은 마음을 품고 계셨던 것입니다. 이스라엘 백성들이 지난 2백여 년 동안 하나님의 품을 떠나 마음대로 바알과 아스다롯 등 이상한 신들을 섬기며 엉뚱한 길로 살아왔을 때, 하나님께서 얼마나 속상하셨을지, 그 마음을 호세아가 헤아리게 됩니다.

이스라엘 백성들은 지난 2백여 년 동안 인생의 행복과 풍요가 바알에게 있다고 생각하고, 바알을 숭배하는 잘못된 길로 달려왔습니다. 그 오랜 세월 동안 하나님을 오해해 온 것입니다. 우리 인생들은 한순간만 오해를 받아도 화를 내기 일쑤인데, 그 긴 세월을 오해받아 오셨으면서도 우리 하나님은 사랑의 끈을 놓지 않으셨습니다. 이렇게 호세아를 보내셔서 제발 돌아오라고 외치시며 사랑을 호소하시는 것입니다.

호세아서를 통해서 그 긴 세월 동안 속상해하신 하나님의 마음, 하나님의 눈물을 만납니다. 칠흑 같은 밤이라는 말로 표현하기 민망할 정도로 그 답답한 세월은 너무 길었습니다. 그런데 그

긴 세월 동안 기다려오신 하나님께서 다시 한 번 순수한 사랑을 쏟고 싶다고 말씀하십니다. 이것이 하나님의 사랑입니다. 하나님의 사랑을 도무지 깨닫지 못하는 연약한 인생들을 끝까지 놓지 않으시고 안고 또 안아 주시는 분, 그분이 우리 하나님이십니다.

오랜 세월이 흐른 후, 하나님의 사랑의 결정체이신 성자 예수님께서 이 땅에 내려오셔서 삼 년 동안 갈릴리와 예루살렘, 그리고 유다 인근을 뛰어다니시며 인생들을 보듬어 안고 사랑하십니다. 그 내용이 기록된 책이 사복음서인데, 우리가 정직하게 그 사복음서를 읽어보면, 예수님께서 얼마나 온몸을 바쳐 인생들을 친히 사랑하셨는지 세세히 알 수 있습니다.

그런데 삼 년의 공생애를 마친 우리 예수님께서도 그 사역 말미에 인생들에게 큰 오해를 받으십니다. 그렇게 사람 사랑하느라 바쁘게 살아오신 예수님을 대제사장과 서기관들이 선동하고 벳새다 들녘에서 생선과 보리떡을 받아먹었던 민중들까지 합세해서 오해해 버리고 맙니다. 그가 하나님을 모독했고, 민중들의 삶을 피폐한 상황으로 몰아갔으며, 로마를 향해 저항하라고 정치적으로 선동했다는 것입니다. 그렇게 예수님을 오해해서 아무 죄

없으신 그분을 십자가에 못 박아버립니다.

십자가에 달려 물과 피를 쏟으시는 그 순간, 어두워서 한치 앞도 안 보이는 그 칠흑 같은 순간에 우리 예수님께서 이렇게 말씀하십니다.

"하나님, 저들을 용서하소서. 저들은 저들이 저지르는 잘못을 모릅니다."

하나님은 이스라엘 백성들의 지독한 오해에도 불구하고, 광야에서는 매일 만나를 통해 먹을 것을 공급하셨습니다. 한두 달도 아니고 2백여 년 동안이나 지속적으로 북이스라엘이 잘못된 길을 감에도 불구하고 사랑으로 참아 기다려주셨습니다. 이제 더 나아가 온몸이 십자가에 못 박히는 그 고통의 순간에도 인간들을 위해 대신 용서를 구하고 계시는 것입니다.

그분의 마음속에는 사랑이 있습니다. 오해받는 순간까지라
도 끊임없이 인생들을 보듬고 안으시는 사랑. 나를 향한 그 크신
사랑. 하늘을 두루마리 삼고 바다를 먹물로 삼아도 다 기록할 수
없는 사랑. 그 크신 사랑이 있습니다.

좋은 친구를 소개합니다

종은 주인이 하는 것을 다 알지 못하나 친구는 서로 속을 터놓고 그 하는 일을 아는 사이로 지냅니다. 우리 예수님께서는 당신의 제자들을 친구로 여겨주셨습니다.

예수님께서 공생애를 시작하셨을 때, 그 당시 사회적으로 유력한 위치에 있던 대제사장들, 장로들, 서기관들이 예수님과 친구로 지내고 싶어했습니다. 그분이 너무나도 고상한 삶을 사시

고, 그분의 말과 행동 하나하나가 너무 아름답고 멋진지라, 그 소문을 들은 그 시대의 유력자들이 예수님과 같이 어울리고 싶어했던 것입니다. 그런데 우리 예수님은 갈릴리 바다에서 노를 저어 고기 잡던 어부들을 비롯해, 동족들로부터 비난 받던 세리 등 별로 특별해 보이지 않는 사람들을 제자로 선택하셨습니다.

예수님을 처음 만났을 때, 베드로는 "주여 나를 떠나소서. 나는 죄인이로소이다."라고 하며 자신과 예수님은 함께 어울릴 수 없다고 말했습니다. 그럼에도 불구하고 예수님께서는 그들을 제자로 받아들이시고, 그들과 더불어 3년 동안 함께 시간을 보내셨습니다. 예수님은 많은 사람들과 시간을 보내셨지만 제자들과는 더욱 많은 시간을 함께하셨습니다. 그들과 협력해서 사람을 사랑하는 일도 하셨고, 그들이 하나님을 알도록 가르치는 데에 많은 시간과 열정을 쏟으셨습니다.

예수님은 제자들에게 이제 그들을 '친구'로 부르시겠다고 하

십니다. 스승 중의 스승이신 우리 예수님께서는 제자들을 부지
런히 가르치셔서 하나님 나라를 아는 놀라운 수준으로 그들을
끌어 올리시고, '제자'에서 '친구'로 그들을 높여주십니다.

　사람이 친구를 위하여 자기 목숨을 버리면 이에서 더 큰 사
랑이 없다고 말씀하신 예수님은 바로 그 제자들과 우리들을 위
해서 십자가에 못 박히셨습니다. 죄인들을 친구 삼으시고, 그 친
구들을 위해 자신의 목숨을 십자가에 내어놓으신 것입니다. 예
수님은 죄가 없으신 하나님이십니다. 그런 그분이 죄 있는 인간
들을 친구로 세우셨습니다. 이것이 사랑입니다. 예수님께서는
이와 같이 말씀하십니다.

　"내 계명은 곧 내가 너희를 사랑한 것 같이 너희도 서로 사
랑하라 하는 이것이니라 … 너희가 나의 명하는 대로 행하면 곧
나의 친구라."

　성경을 통해 친구가 무엇인지를 생각해보게 됩니다. 우리는
친구를 떠올릴 때, 고향이나 나이가 같은가, 사회적으로 어울릴
만한 조건인가 등 이 세상이 주는 생각들에 갇혀 그 범주 안에서
만 친구를 찾으려 합니다. 그러나 성경에서 만나는 아름다운 친

구 관계, 즉 아브라함과 엘리에셀, 다윗과 요나단, 예수님과 제자들의 관계 등은 사회적 지위나 나이는 물론 죄의 여부까지도 넘어서는 것이었습니다.

그들의 친구관계에 들어가 보면 살아계신 하나님이 계십니다. 그리고 그들은 서로 사랑합니다. 우리도 친구를 생각할 때, 그 관계의 중심에 하나님을 모시고, 서로 사랑해야 할 것입니다. 우리의 친구관계는 어떻습니까? 왜 우리 주변에 사람은 그렇게 많은데 진정한 친구는 없습니까? 그 이유는 친구에 대한 우리 생각의 빈곤 때문입니다. 친구란 무엇인가에 대해 깊은 생각을 가지지 못했기 때문입니다.

인생을 살다보면 하나님께서 친구를 만나게 해주십니다. 아브라함은 다메섹 엘리에셀을 종으로 만났고, 요나단은 다윗을 전쟁터에서 만났으며, 예수님은 제자들을 바닷가에서 만나셨습니다. 만남의 방법은 이처럼 여러 가지입니다. 게다가 신분 차이도 있고, 나이 차이도 있었습니다. 하지만 그들이 그렇게 서로 만나고 난 후, 하나님을 중심으로 관계를 맺어가기 시작합니다. 우리가 친구와 깊은 관계를 만들지 못하는 것은 그 관계 사이에 하나님을 두지 않고 자기 이익을 두기 때문입니다. 그러니 친구

관계가 좁아질 수밖에 없는 것입니다.

　다메섹 사람 엘리에셀은 아브라함을 만남으로 말미암아 그
의 수준이 정말 월등해졌습니다. 처음 만날 적엔 수준 차이가 크
게 났지만, 한참 같이 어울리다 보니 결국 아브라함과 엘리에셀
은 하나님을 아는 수준에 있어 비슷해집니다. 다윗은 그의 친구
요나단을 만남으로 말미암아 목숨을 보호받을 수 있었습니다.
요나단은 어떻게 하든 다윗을 보호하려고 노력했습니다. 이처럼

하나님을 믿는 믿음 안에서 친구를 만나면 진정으로 서로 보호하고 보호받을 수 있습니다.

예수님은 당신의 친구인 제자들을 가르치며 끝까지 기대하셨습니다. 우리는 친구가 잘 되기를 기대하기보다는 오히려 시기하고 질투합니다. 친구들이 나보다 더 잘되는 것을 보고 싶어 하지 않습니다. 그러나 아브라함은 엘리에셀을, 요나단은 다윗을, 또한 예수님은 제자들을 기대하셨습니다. 그들이 하나님 앞에서 아주 멋진 삶을 살 것이라는 기대를 품었던 것입니다. 우리도 주변의 친구들을 만나면서 기대하고 있습니까? 하나님이 저 사람을 들어 쓰실 것이라 기대하는 마음, 하나님이 저 사람을 귀히 여기실 것이라 기대하는 마음이 있습니까? 바로 그 마음을 품어야 우리는 친구를 가질 수 있습니다.

사도 바울은 우리 예수님을 친구로 둔 사람이었습니다. 예수님을 만나서 진심으로 그분을 구주로, 친구로 모셨습니다. 그런 그가 이렇게 고백한

적이 있습니다.

"내가 그리스도와 함께 십자가에 못 박혔나니 그런즉 이제는 내가 산 것이 아니요 오직 내 안에 그리스도께서 사신 것이라 이제 내가 육체 가운데 사는 것은 나를 사랑하사 나를 위하여 자기 몸을 버리신 하나님의 아들을 믿는 믿음 안에서 사는 것이라."

그는 예수님을 육체로 만나지는 못했지만, 예수님을 자신의 친구로 모셨고, 더 나아가 자기 안에 그리스도가 사신다고 말하고 있습니다. 예수님의 사랑을 넘치게 받았던 사도 바울은 주저 없이 그 고백을 할 수 있었던 것입니다. 이후 역시 예수님을 친구로 모신 오트만(J. Oatman)이라는 사람이 이렇게 고백합니다.

위에 계신 나의 친구 그의 사랑 지극하다
이는 예수 그리스도 나의 구주 나의 친구
사랑하는 나의 친구 늘 가까이 계시도다
그의 사랑 놀랍도다 변함없는 나의 친구

우리 구주 예수님을 친구로 만나면, 세상의

많은 사람들이 친구로 보입니다. 나를 위해 당신의 목숨을 버리신 이 예수님을 제대로 만나 나의 친구로 모시면, 세상의 많은 사람들이 우리의 친구가 됩니다. 예수님의 사랑을 받아 그분과 내가 친구가 되면 우리는 자연스럽게 나의 주변 사람을 사랑하게 되며, 그 가운데 좋은 친구들을 가지게 될 것입니다.

침묵으로 전하는 사랑

우리 하나님께서는 이스라엘 백성들의 많은 허물과 약점에도 불구하고 그들을 끝까지 사랑하고 아끼셨습니다. 그 사랑은 한 순간이 아니라 계속해서 지속된 사랑이었고, 개인뿐 아니라 시대 전체를 끌어 안으시는 사랑이었습니다. 천오백 년간이나 그 사랑은 그칠 줄 몰랐습니다. 그렇게 깊은 사랑을 쏟아 부으신 하나님께서 말라기 선지자를 통해서 이렇게 고백하십니다.

"내가 너희를 사랑하였노라."

하나님의 이 말씀은 진실이며 참말입니다. 그런데 이 고백을 받은 이스라엘 백성들이 어이없는 대답을 합니다. 의당 옳은 대답은 "감사합니다, 하나님"이여야 할 텐데, 그들은 "주께서 우리를 어떻게 사랑하셨습니까?"라고 싸늘한 반문을 합니다. 지난 천오백 년의 세월 동안 '이스라엘 만나기를 광야에서 포도를 만남같이 하시고, 그들의 열조 보기를 무화과나무에서 처음 맺힌 첫 열매를 봄같이 하시며, 당신의 눈동자처럼 안위하시고, 독수리가 그 새끼 위에 너풀거리며 그 날개를 펴서 새끼를 받아내는 것같이' 하셨던 하나님께서는 그처럼 냉소적인 이스라엘의 반문에 더 이상 할 말을 찾지 못하셨습니다.

그렇다면 이스라엘 백성들은 왜 그런 대답을 한 것입니까? 그들은 현재 그들이 처한 상황에 대해서 많은 불만을 가지고 있었습니다. 바벨론에 의해 나라가 망한 후 나라가 없는 140년 정도의 세월 동안, 그들은 하나님이 자신들을 도와주지 않으셨다고 생각했기 때문입니다. 그러나 하나님과 이스라엘 백성이 맺은 언약의 내용을 지키지 않은 쪽은 이스라엘 백성이었고, 오히려 그 약속을 어떻게든 지키기 위해 몸부림치신 분은 하나님이십니다. 하나님께서는 이스라엘 백성들의 수많은 잘못에도 불구하고 그들을 용서하며 사랑해 오셨는데, 그들은 잠시 잠깐의 징

계 앞에서 지난 천오백 년 동안 보여
주신 하나님의 사랑을 잊어버린 것
입니다.

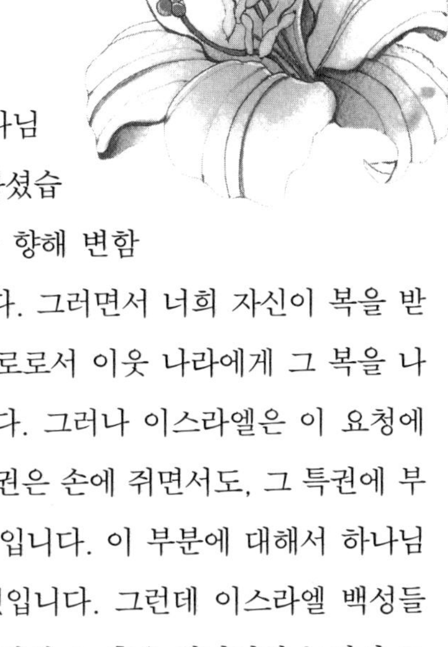

　　하나님께서는 그들이 하나님
의 축복의 통로로 살기를 바라셨습
니다. 그래서 오랫동안 그들을 향해 변함
없이 많은 복을 내려주셨습니다. 그러면서 너희 자신이 복을 받
아 누릴 뿐만 아니라, 복의 통로로서 이웃 나라에게 그 복을 나
누는 삶을 살라고 명하셨습니다. 그러나 이스라엘은 이 요청에
대해서 소홀히 하였습니다. 특권은 손에 쥐면서도, 그 특권에 부
여된 사명은 수행하지 않은 것입니다. 이 부분에 대해서 하나님
이 섭섭해 하시며 징계하신 것입니다. 그런데 이스라엘 백성들
은 그 징계가 불공평하다고 생각했고, 혹은 하나님의 능력이 모
자라서 자신들이 어려움을 겪는다고 생각했습니다. 또한 자신들
에게는 잘못이 없는데, 그들의 조상들이 잘못한 것을 대신 벌 받
는 것이라고 책임을 떠넘겼습니다. 하나님께서는 이런 그들의
말에 달리 대답하시기보다는 침묵하십니다.

　　사랑하는 사람끼리는 침묵하기가 쉽지 않습니다. 더 많이 사랑하는 쪽에서는 침묵하기가 더욱 쉽지 않습니다. 자식과 부모가 의견충돌이 생겨 자식이 문을 '쾅' 닫고 들어가서 아무 말도 하지 않으면, 결국 부모가 화해하기 위해 먼저 말을 겁니다. 부모 스스로 생각해보니 자기 잘못이 커서 반성하는 게 아니라, 토라진 자식의 마음을 풀어주고 다시 대화를 나누고 싶기 때문입니다. 못난 자녀들이 알아주지 않더라도 부모는 끝끝내 더 많이 사랑하는 존재입니다.

구약 시대 전체에 걸쳐보면, 그 어두운 350년 사사시대에도 하나님은 침묵하지 않으시고 말씀하셨습니다. 그들의 실망스러운 삶에도 불구하고 하나님의 사람들을 끊임없이 보내셔서 그들과의 대화를 시도하셨습니다. 그런데 지금 "주께서 어떻게 우리를 사랑하셨습니까?"라고 반문하는 말라기 시대 백성들 앞에서 하나님은 4백여 년이라는 긴 세월 동안의 침묵을 선택하시는 것입니다.

이 침묵은 단순히 대화를 중단하고 상대와 힘겨루기를 하기 위한 차원이 아니었습니다. 이 4백 년은 하나님의 크신 사랑을 더 깊게 여며가는 세월이었습니다. 하나님께서는 4백 년 후에 그 사랑의 마지막 결정체인 독생자 예수 그리스도를 보내셔서 하나님의 사랑을 선언하십니다.

"하나님이 세상을 이처럼 사랑하사 독생자를 주셨으니 이는 저를 믿는 자마다 멸망치 않고 영생을 얻게 하려 하심이니라."

이 땅에 직접 내려오신 하나님의 아들은 눈에 보이게 사람 사랑을 쏟아놓으십니다. 온몸과 정성을 다 바쳐서 사람들을 사랑하셨습니다.

그런데 그 진한 사랑의 끝무렵에, 사람들은 예수님을 빌라도 법정에 세웁니다. 돈, 명예, 권력에 눈 먼 자들이 예수님의 허물을 찾고 있습니다. 그 누구라서 예수님의 허물을 찾을 수 있겠습니까? 그런데 인간들이 예수님의 거짓 허물을 찾더니, 그분을 십자가에 못 박아야 된다고 소리를 지릅니다. 이 아우성 속에서도 예수님은 한 마디도 대답하지 않으시고 침묵하십니다. 그런 예수님께 빌라도가 변명할 말을 묻지만 예수님은 한 말씀도 대답하지 않으시고, 묵묵히 십자가를 지십니다. 아무 잘못 없는 분이 죄인들의 거짓 증언으로 말미암아 십자가에 못 박히신 것입니다. 어린아이를 정성스럽게 쓰다듬으셨던 그 손에, 벳새다 들녘에서 보리떡과 생선을 들고 축사하셨던 그 손에, 눈이 안 보이는 사람을 마을 밖까지 조심스럽게 인도하셨던 그 손에, 피와 살이 돌고, 사랑과 용서가 담긴 그 손에….

"어떻게 우리를 사랑하셨나이까?"라고 묻는 사람들을 향해 **"내가 이처럼 세상을 사랑하여 너희 죄인들을 위해 내 아들을 보내노라."**라고 말씀하시며 하나님께서는 당신의 그 크신 사랑을 직접 보여주셨습니다. 예수님의 십자가 고통은 우리를 위해서 대신 당하신 것입니다. 예수님은 하나님께 인생들을 용서해 달라고 기도하십니다. 죄인들을 이렇게 한없는 사랑으로 안아주시는 그분, 그분이 바로 나의 구주가 되십니다.

어찌 합당치 아니하냐

하나님은 택하신 이스라엘 백성들만 용서하며 사랑하기 원하시는 분입니까? 이에 대한 대답은 요나서를 통해 확인할 수 있습니다.

선지자 요나가 살던 당시, 앗수르는 강력한 제국이었는데, 그 나라의 수도는 니느웨였습니다. 앗수르 제국의 크고 작은 모든 일들은 수도인 니느웨에서 명령이 내려지는 것이었습니다. 그런데 니느웨에서 내려지는 그 많은 명령들이 선하고 아름다운 내용이라기보다는 악하고 탐욕스러운 것들이 대부분이었습니다. 니느웨에서 행해지는 모든 행사들을 살펴보신 하나님께서는 그들을 심판해야겠다고 결심하시고, 니느웨에 보낼 선지자로 요나를 선택하신 것입니다.

"가라. 가서 저 니느웨 사람들에게 내가 40일 후에 그들을 망하게 할 것이라고 전하도록 해라."

그런데 이 하나님의 말씀을 들은 요나의 반응은 매우 의외입니다. 그 일을 하기 싫어하는 것입니다. 이유는 다름 아니라, 하나님이 니느웨를 사랑하신다는 사실을 직감적으로 깨달았기 때문이었습니다. 이것이 어찌된 일입니까?

이스라엘 민족은 앗수르로부터 계속해서 시달림을 받아온 지 오래였습니다. 때문에 이스라엘과 앗수르는 사이가 좋지 않았습니다. 그런데 그런 앗수르의 수도 니느웨에 가서 그들이 망할 것이라는 메시지를 전하라는 사명을 받은 것입니다. 요나는 이 일을 명하신 하나님의 마음 가운데에, 요나가 전하는 경고를 듣고 그들이 잘못을 돌이키면 그들을 용서하시겠다는 의도가 담겨 있음을 눈치 챈 것입니다. 그게 싫었던 것이지요. 결국 요나는 하나님의 말씀을 듣고 곧바로 실행하기보다는 자신의 생각에 따라 방향을 바꿔버립니다. 앗수르 민족에게 돌이킬 수 있는 시간을 주지 않음으로써 그들에게 하나님의 심판이 내려지게 해야겠다 싶어서, 니느웨로 가라는 하나님의 명령을 거역하고 니느웨와 반대 쪽에 있는 다시스로 가는 배에 올라탄 것입니다.

　　니느웨에는 회개할 기회조차 줄 필요가 없다는 것이 요나의 생각이었습니다. 앗수르라는 나라와 그 나라의 핵심 지도자들이 모여 사는 수도인 니느웨는 당연히 처벌받아야지, 용서받으면 안 된다는 생각 때문이었습니다. 그런 요나를 지켜보고 계신 하나님께서는 폭풍을 보내셔서 요나를 바다에 빠지게 하고, 큰 물고기를 준비하셔서 그를 삼키게 하십니다. 요나는 3일 동안 물고기 뱃속에 머물렀다가 니느웨에 도착하게 됩니다. 물고기 뱃속에서 보낸 그 3일을 통해 그는 하나님께 불순종한 잘못을 깨닫긴 하였지만, 그래도 아직 마음이 편치 않았습니다. 그래서 요나는 3일 길이나 되는 큰 성읍 니느웨를 단 하룻길만 행하며 하나님의 심판을 선포합니다. 가급적이면 니느웨 사람들이 자신의 메시지를 안 들었으면 하는 마음으로 대충대충 메시지를 전했을 것입니다.

"회개하라. 하나님이 곧 심판하신다."

그런데 놀라운 일이 일어납니다. 요나가 전하는 이야기를 전해들은 왕이 그 말씀을 깊이 받아들이고 성 전체에 금식을 선포한 것입니다. 니느웨 성읍 백성들이 모두 참회하며 회개하는 모습을 보입니다. 요나는 니느웨 백성들이 회개하는 모습이 영 못마땅했습니다. 하나님의 용서가 좀 더 직접적으로 자신에게 느껴져 오기 때문이었습니다. 하나님의 선지자로서 죄인들이 회개함을 보고 마땅히 기뻐해야 할 그가 오히려 니느웨 사람들이 깊이 뉘우치고 회개하자 못마땅해 하고 있는 것입니다.

그렇다면, 하나님께서도 이같은 사실을 잘 아시고 계실 텐데, 왜 요나에게 회개의 메시지를 들고 가라고 하신 것일까요? 그것은 요나의 기준과 하나님의 기준이 충돌하고 있기 때문입니다. 하나님은 이 땅에 존재하는 모든 백성들, 즉 유다든 앗수르든 어느 나라 사람이든, 인생들이 하나님의 끝 간 데 없는 사랑을 받아들이고 그 안에서 살기를 원하시는 분입니다. 하나님께서 이 가운데 특별히 한 나라, 곧 유대 민족을 선택하시고 집중적으로 그들을 교육하신 것은 그들만 사랑하신 까닭이 아니요, 그들에게 어떤 역할을 맡기고자 하심이었습니다. 바로 온 열방 모든 민족에게 하나님의 사랑을 증거하며 선교하게 하고 싶으셨기 때문입니다. 그런데 안타깝게도 유대 민족들은 하나님의 사랑을 자신들의 기준으로 제한시켜버렸습니다. 그 기준으로 다른 민족을 보니, 앗수르 민족은 하나님의 사랑을 받아야할 대상으로는 보이지 않았던 것입니다. 오랫동안 형성되어 온 유대 민족의 깊은 인식들이 요나를 통해서도 드러나고 있습니다. 하나님께서는 이런 유대인들의 사고를 바꾸고 싶으셔서 요나로 하여금 직접 체험케 하신 것입니다.

하나님께서는 니느웨 백성들이 회개하는 이 장면을 요나가 목도하게 하십니다. 위로 왕에서부터 아래로 온 백성, 심지어는 짐승들까지 다 굵은 베를 입고 금식하며 회개하는 일은 쉬운 일이 아닙니다. 바로 요나에게 이 모습을 보고 깨우치라는 것이었습니다. 그런데 요나는 도리어 그동안 가져왔던 자신의 생각에 근거하여 하나님께 화를 내며 따져 묻습니다.

"하나님, 이게 뭡니까? 솔직히 이런 자들은 죽어야 하는 것 아닙니까?"

하나님께서는 요나를 달래시면서 좀 더 직접적인 깨우침을 주고자 하십니다. 니느웨 성의 결과가 어떻게 되는지 궁금해서 지켜보고 있는 요나에게 박 넝쿨을 주셔서 그가 시원한 그늘 밑

에 있게 하시다가, 때를 맞추어 벌레로 하여금 박 넝쿨을 씹게
하십니다. 뜨거운 태양 아래에서 혼곤해진 요나가 자신에게 내
리쬐는 햇볕을 인하여 하나님께 항의합니다.

"하나님, 이게 뭡니까. 차라리 절 죽이세요. 죽는 게 낫겠어
요!"

하나님께서 요나에게 이르십니다.

"네가 이 박 넝쿨 때문에 화내는 게 말이 되느냐?"

"죽도록 화내도 말이 되지, 왜 안 돼요?"

인생들은 사람을 아끼지 않습니다. 오히려 박 넝쿨을 더 아
낍니다. 차를 아끼고, 집을 아낄 줄은 아는데, 사람을 아낄 줄은
모릅니다. 좌우 분변치 못하는 사람은 싫어하고 미워합니다. 우
리 자신이 그러했던 모습은 어느새 잊어버리
고, 우리 주변, 즉 가정, 교회, 민족공동
체에서 좌우를 분변치 못하는 사람들
을 보면, 가까이 하기에 어려운 자, 격
리해야 할 자, 잘라내야 할 자라고 생
각합니다. 이것이 우리 인생들의 부족한
모습입니다. 하지만 하나님께서는 이렇게 말씀하
십니다.

“너는 네가 심지도 기르지도 않은, 고작 하룻밤에 났다가 하룻밤에 시들어버린 박 넝쿨을 이토록 아꼈는데, 하물며 이 큰 성읍 니느웨에는 좌우를 분변치 못하는 자가 십이만 명이 넘고, 육축도 많이 있는데, **내가 아끼는 것이 어찌 합당치 아니하냐**”

요나가 보기에 니느웨 백성들은 좌우를 분변치 못하고 좌충우돌하는 사람들이었습니다. 인간이라면 마땅히 지켜야 할 기본적인 삶의 방식을 뒤로한 채, 자국의 이익을 위해서라면 주변 민족을 괴롭히고 약탈하는 일도 서슴지 않는 사람들이었습니다. 그러니 요나의 눈에는 그런 앗수르인보다는 유대인들이 상대적으로 훨씬 도덕적이고 윤리적인 삶을 살고 있다고 판단했을 것입니다. 그 기준으로 보면 유대인에 못 미치는 앗수르인들은 멸망당해 마땅하다고 여길 수 있었습니다. 그것이 유대인 선지자, 요나의 기준이었습니다.

하지만 인생들을 향한 하나님의 기준은 다릅니다. 그분은 비록 좌우를 분변하지 못하는 사람, 죄를 지어 죽어야 할 사람이라 할지라도 그들을 용서하시며 아끼십니다. 이것이 인생들은 감히 측량할 수도 없는 하나님의 마음입니다.

하나님의 마음 깊은 곳엔 인생들을 향한 용서가 있으십니다. 하나님께서는 그 시대 전체 민족들을 바라보시며 앗수르라는 나라가 비록 칭찬받기보다는 야단맞을 일들을 하고 있음에도 불구하고 근원적으로 그들의 생명을 아끼고 돌보십니다. 유대인들만이 아니라 이방인들도 사랑하시며, 이방인도 용서의 대상으로 생각하시는 것입니다.

이같은 하나님의 기준을 우리는 눈여겨 봐둘 필요가 있습니다. 엄밀하게 따지면 우리가 바로 좌우를 분변할 줄 모르는 사람 아닙니까! 하나님께서 이런 우리를 당신의 자녀로 지명하여 불러주시고, 보듬어 안아 여기까지 인도해주셨습니다. 우리가 그렇게 대단하고 잘나서 선택받은 것이 아닙니다. 우리를 선택하신 하나님의 기준, 그것은 오직 인간들을 향하신 끝없는 그분의 사랑입니다.

내가 연약할수록

지금 아주 좋습니다. 더할 나위 없이 좋습니다. 얼마나 좋은
지 자기 생에 이렇게 좋았던 적이 별로 많지 않을 정도입니다.
지금까지 그는 자신이 그토록 사랑했던 아들 요셉이 22년 전에
죽은 줄로만 알고 있었습니다. 그런데 그가 살아 있고 훌륭하게
잘 자라서 한 나라에서 가장 영예롭고 귀한 사람이 되어 있다
니….

말로 들어서는 도무지 실감나지 않았지만, 그는 정말로 아들

요셉을 만났고, 이어 왕을 만납니다. 바로 왕이 따뜻한 눈빛으로 자신을 바라봐줍니다. 그와 대화가 시작됩니다.

바로 왕이 묻습니다.

"당신의 연세가 어느 정도입니까?"

야곱이 대답합니다.

"내 나이 130살에 불과하나, 험악한 인생을 살아왔습니다."

그렇습니다. 그는 형과의 사이가 좋지 못했습니다. 남들이 보기에 부끄러울 만큼 형과의 사이가 너무너무 험악했습니다. 그것은 야곱 자신이 자초한 일이었습니다. 그는 형 에서와 아버지 이삭을 속여 장자의 축복을 받았습 니다. 팥죽 한 그릇에 장자권을 판 것에 이어 장자 의 축복까지 야곱에게 돌아간 상황에서 에서는 분 노하며 야곱을 위협합니다. 그래서 야곱은 형을 피 해 도망가야 했습니다. 그리고 하란에 가서 외삼 촌인 장인을 만났고, 부인들을 만났고, 처남들을 만났습니다. 그들과 더불어 얼마만큼 세월을 보 냈는데, 그 세월 또한 평안하지 못했습니다. 서 로 마음을 주고받으며 우애를 세워가는 것이 인생이 아닌가 싶은데, 자신은 주변의 사람들과 꿈꿔갈 수 있는 어떤 가능성도 찾기가 쉽지 않았습니다. 서로 눈 크게 뜨고 무언가를 속이지는 않나 관찰하며 의심하였습니다. 한마디로 험악한 세월이었습니다.

하란 땅을 떠나 고향으로 돌아오려고 생각해보니, 형과의 사이에 아직 해결하지 못한 앙금이 그대로 남아 있어서, 돌아갈 길이 보이지 않았습니다. 다행스럽게도 겨우 겨우 형과의 관계를 회복하고 그 지난 세월들을 정리하며 살아왔지만, 돌이켜보니 연약한 삶이었고, 부끄럽기 이를 데 없는 삶이었습니다.

그런데 오늘 이 시간, 자신은 너무너무 좋습니다. 자신이 이렇게 험악한 세월을 살아왔음에도 불구하고, 왜 이렇게 기쁜가, 왜 이렇게 좋은가, 돌이켜 생각해 보았습니다. 답은 금방 나왔습니다. 하나님께서 자신의 연약함을 탓하지 아니하시고, 자신의 부끄러움을 덮으셔서 오늘에 이르게 하신 것입니다. 이 사실을 깨달은 야곱은 너무나 놀라웠습니다.

우리들은 어떻습니까. 연약한 자, 허물 많은 자를 찾아서 멀리 합니다. 가까이 하려고 하지 않습니다. 그래서 우리는 우리 자신의 허물과 연약함을 어떻게 하든 상대에게 노출하지 않으려고 하고, 심지어 거짓말까지 합니다. 그런데 야곱의 그 연약함, 그 허물투성이의 인생을 하나님께서는 뒤따라오시면서 덮으시고 또 덮으셔서, 야곱이 지난 130년의 그 험악한 세월 동안에도 무너지지 않고 여기까지 살아와서 그의 아들을 만날 수 있게 하신 것입니다.

야곱은 하란 땅에서 그 긴 세월, 자신이 바라는 대상에 대해 온 열정을 쏟으며 살았습니다. 그는 사랑에 대한 집착에 있어서 둘째 가라면 서러워할 정도로 탁월한 사람이었습니다. 그는 사랑하는 라헬을 얻기 위해서 일했던 7년의 세월을 마치 하루 같았다고 말할 만큼, 한 사람에 대한 사랑이 깊고 정열적이었던 사람입니다.

그런가 하면, 물질에 대한 집착도 대단했습니다. 그가 양을 키우는 기술이 얼마나 좋았던지 그에게 맡겨서 양을 키우면, 다른 사람하고는 비교도 안 될 만큼 성과가 높았습니다. 그의 장인 라반이 그를 놓아주지 않고 어떻게 하든 계속 자기 양을 키우는 사람으로 자신의 집에 붙들어 두고 싶어할 정도였습니다. 야곱은 자신의 장인을 부자로 만들었고, 결과적으로 자신 또한 큰 부자가 되었습니다. 물질이라는 면에서는 남부럽지 않을 만큼 많은 것을 가지게 되었습니다.

그런데 지나온 자기 인생을 되돌아보니 부끄러움뿐이었습니다. 그리고 하란을 빠져 나와 형과의 갈등을 겨우 해결하고 가나안에서 살게 되었는데, 그 땅에 흉년이 든 지 고작 2년 만에 그동안 자신이 쌓아왔던 모든 게 다 물거품이 되어 버렸습니다. 그 오랜 세월 동안 쌓아왔던 그의 모든 것이 순식간에 날아가 버리고 빈털터리가 되었습니다. 바로 그리할 때, 그는 요셉이 살아있다는 것을 알고 애굽으로 건너갈 수 있었던 것입니다. 그리고 22년 전에 죽었다던 그 아들 요셉을 만나고, 앞으로의 남은 인생 17년을 정말 명예롭고 영화로운 모습으로 살아가게 됩니다.

야곱의 인생 전체를 놓고 볼 때, 이미 그가 바로 왕에게 고백했듯이 지난 130년의 세월은 험악한 세월이었습니다. 부끄러운 삶이었습니다. 그런 야곱이 자신의 공로로 남은 17년을 영광을 꿈꾸는 삶으로 살 수 있었던 것이 아닙니다. 전능하신 하나님이 그의 인생을 이끄시고, 부끄러움을 덮어 주셨기에 가능했던 것입니다.

우리 하나님께서 우리의 부끄러움을 다 아십니까? 예, 다 알고 계십니다. 그럼, 그런 우리의 모습들을 다 알고 계시는 하나님께서 우리의 그 부끄러운 모습들을 누군가에게 노출시켜본 적이 한 번이라도 있으십니까? 아니요, 한번도 없으십니다. 그분은 끝내 우리의 험악한 인생들을, 우리 연약한 인생들의 부끄러움을 뒤따라오시면서 계속해서 덮어주시고 감춰주십니다. 야곱이 이같은 사실을 정확하게 깨달았던 것입니다. 그리고 이후 애굽에서 그의 아들 요셉과 더불어 17년을 살아가는 동안, 그 하나님을 꿈꾸며 그 하나님께 영광 돌리는 데에 온 정성을 다하는 삶을 삽니다.

그가 인생을 마무리 할 즈음에, 그는 자신이 비록 아무것도 가진 것이 없었지만, 전능하신 하나님이 자신의 삶을 이끄셨고, 그 전능하신 하나님으로 말미암아 자신이 끝내 영광스러운 삶을 살았다는 사실을 분명히 압니다. 그리고 이 전능하신 하나님의 이름으로 요셉을 비롯한 12명의 아들들을 축복하는 모습을 보게 됩니다.

"… 유다야 너는 네 형제의 찬송이 될지라 … 단은 이스라엘의 한 지파같이 그 백성을 심판하리로다 … 요셉은 무성한 가

지 곧 샘 곁의 무성한 가지라 … 그의 팔이 힘이 있으니 야곱의
전능자의 손을 힘입음이라 … 네 아비의 하나님께로 말미암나니
그가 너를 도우실 것이요 전능자로 말미암나니 그가 네게
복을 주실 것이라… ."

그의 삶 전체를 놓고 볼 때 정말 아름
다운 감사의 제목이 되는 장면입니다.
야곱, 그가 인생 말년에 12명의 아들들
을 앉혀놓고 하나님의 이름으로 축복하
는 것입니다. 자신을 오늘에 이르기까
지 이끄시고 돌보신 하나님, 그 하나
님을 알고 그 하나님을 믿었기에, 그
분의 이름으로 12명의 아들들을 축복
하는 것입니다. 이것이 바로 야곱의 축
복입니다.

지금까지 살아오면서 감사한 제목들이 참 많습니다. 우
리의 지식이 많이 자랐습니다. 어떤 사람은 재물도 늘었을 것
입니다. 어떤 사람들은 건강도 더해지고, 어떤 사람은 인간관
계가 좋아졌을 것입니다. 지난날을 되돌아보면 감사할 게 많습
니다. 그러나 그 모든 것보다도 가장 감사한 것은 허물 많은 연

약한 내 인생을 따라오시며 허물을 덮어 주시는 그분이 계시다
는 것입니다. 내가 연약할수록 그분은 나를 더욱 귀히 여기신다
는 사실입니다.

우리의 허물을 끝내 덮으시고 폭로치 않으시며, 험악한 세월
을 감싸주시고, 연약한 나를 더욱 귀히 여겨주시는 하나님. 그
하나님을 알아갈수록 우리의 인생은 비할 데 없이 풍요로워집니
다.

죄인을 부르러

예수님의 제자 마태를 소개합니다. 그는 로마 제국 하에서 지배를 받고 있는 유대 민족, 그 중에서도 레위인으로 태어났습니다. 주의 말씀의 율례와 계명과 법도를 그 자신이 먼저 모범적으로 행하면서, 누군가에게 그 일을 가르치는 것으로 그의 삶의 목적을 삼아야 하는 사람이었지만, 그는 레위인의 직책을 버렸습니다. 대신 가장 손쉽게 재물을 모을 수 있는 세리의 길을 선택했습니다.

그 당시 로마는 주변의 많은 나라를 다스리면서 그 모든 지역에 로마 군대를 보냈습니다. 그래서 피지배민족들이 꼼짝 못하도록 숨통을 막았습니다. 그런 후에 로마가 하는 일은 그 모든 식민지 백성들로부터 자신들이 원하는 것을 세금으로 거둬들이는 것입니다. 당시 로마가 주변에 있는 모든 나라들로부터 거두어들이던 세금의 양은 상상을 초월할 정도였습니다.

그때로부터 2천 년이 지난 지금도 세계에서 가장 가볼 만한 도시로 로마를 꼽습니다. 그만큼 로마가 아름답기 때문입니다. 로마가 왜 그렇게 아름답습니까? 그곳의 자연경관이 아름답다기보다 사실은 천년의 고도였던 예루살렘이나 수사성, 바벨론 등지에서 좋은 것들은 모조리 로마로 끌어왔기 때문입니다. 그 모든 것들을 끌어 모으는 중간통로의 역할을 감당한 사람들이 그 지역 출신의 세리들이었습니다.

유대인들이나, 그리스인들, 바벨론 사람들은 어떻게 하든 자기들이 아끼고 소중히 생각하는 것들, 가보로 내려올 만큼 귀하고 가치 있는 보물들을 로마에게 빼앗기고 싶지 않았을 것입니다. 그러나 로마라는 나라는 군대를 통해서 모든 나라에 비상 경계령을 내려놓고 그 민족 사람들 가운데 세리들을 선택해서 세세한 곳까지 찾아 들어가 좋은 것들을 다 빼왔던 것입니다. 그러니 유대 동족들 입장에서는 로마 군인들이 무섭기도 했지만, 정말 미운 사람은 로마에 빌붙어서 좋은 걸 그쪽으로 건네주는 자기 동족 출신의 세리들이었습니다.

그러니 세리라는 직업을 선택하면, 동족들로부터 가장 큰 미움을 받으며 살아야 했습니다. 대신 로마에 도움을 주는 대가로 상당한 물질을 축적할 수 있는 이익을 누릴 수 있었습니다. 마태라는 사람도 비록 비난의 눈초리 속에서 살고는 있었지만 충분한 부를 누리며 살고 있는 사람이었습니다.

어느 날 예수님께서 길거리를 걸어가시다가 아주 큰 집 앞에 좋은 옷을 입고 앉아있는 한 사람을 보셨는데, 그가 화려한 겉과는 달리 속은 절망으로 가득 찬 사람임을 알아보셨습니다. 세리 마태였습니다. 비록 그렇게 좋은 집에서 화려한 옷을 입고 살더라도, 민족을 배신하고 부당한 이득을 챙기며 사는 마태를 보면서 다른 유대인들은 비웃고, 비난하고, 그냥 지나칩니다. 그런데 예수님이 그에게 다가서십니다. 누구나 다 세리 마태를 보고 냉소적인 눈빛을 쏘아 보내는데, 우리 주님만은 그에게 다가서셔서 그의 눈빛에 희망을 쏟아 붓습니다.

"나와 함께 지금부터 다시 시작하지 않으련?"

우리 주님의 눈빛과 마태의 눈빛에서 가슴 뛰는 불꽃이 튀고, 새로운 희망, 삶에 대한 희망이 오고갑니다. 그리고 그 희망은 곧 새로운 삶의 열정으로 바뀌어서, 마태로 하여금 그의 모든 삶의 자리를 놓고 다시 일어나게 합니다.

성경에는 마태가 잔치를 베풀었다고 기록되어 있습니다. 그저 자기 먹거리만 겨우 챙길 수 있는 능력의 사람은 사람들을 초대하여 잔치를 베풀지 못하지요. 마태는 많은 재산을 가지고 큰 잔치를 베풀 정도의 사람이었음을 알 수 있습니다. 그러나 그런 모든 조건 속에서도 정작 그에게는 삶의 진정한 희망이나 열정이 없었다는 얘깁니다.

마태는 이렇게 잔치를 베풀어서 주변 모든 사람들에게 작별 인사를 하고, 새로운 희망으로 다시 일어나 열정적인 다른 인생을 시작합니다. 그는 그동안 자신에게 쏟아져 왔던 비난들을 기억하고 있습니다. 그러나 그 수많은 비난들로 인해 영원히 절망하지 않았습니다. 오히려 더 힘을 내어 다시 일어나, 뜨거운 열정으로 우리 주님을 따랐습니다.

그런데 예수님께서 마태의 집에 들어갔다는 소문이 주변의 사람들에게 들려지자, 예수님에 대한 주변 사람들의 평가는 확 낮아졌습니다.

"아니, 저 사람. 말도 고상하고, 삶의 진정한 영광이 무엇인지도 아는 것 같은 저 사람이 죄인인 세리 집에 들어가서 세리와 같이 밥을 먹고 어울린단 말이야?"

하지만 예수님은 그런 사람들의 평가에 개의치 않으십니다. 오히려 그런 세리 마태를 제자로 불러 세우시고 당당하게 세상을 향하여 선포하십니다.

"내가 의인을 부르러 온 것이 아니라, 죄인을 부르러 왔다. 건강한 자에게는 의원이 쓸데없지 않느냐? 수많은 의사가 있으면 무엇 하겠느냐? 다 건강하다면 그들의 직업 자체가 의미가 없지 않겠느냐. 병든 자에게나 의원이 필요하듯이, 내가 이 땅에 온 것은 세상의 모든 죄인을 구원하기 위함이라" 하시면서 죄인들을 만나기에 주저하지 않으셨습니다. 간음하다 현장에서 잡힌 여인도 주저함 없이 끌어안으시고, 모든 죄인들은 내게로 오라고 말씀하십니다. 스스로 의인인 척 자처하는 사람들은 그렇게 용서의 문을 활짝 열어놓고 죄인들을 품어 안아가는 예수님이 부담스러웠습니다.

　간음한 여인을 용서하고, 세리 마태를 제자로 부르시고, 사람들에게 사랑을 가르치시며, 그렇게 3년 세월을 보내셨습니다. 우리 예수님에 대한 소문은 유대 땅 사방으로 두루 퍼졌습니다. 그분에 관한 소문을 들은 한 사람이 있으니 바로 삭개오라는 사람입니다. 이 사람은 여리고의 세리장입니다. 여리고라는 그 큰 도시에서 세리의 우두머리를 하고 있다면, 그의 부가 어느 정도였을지 충분히 짐작하고도 남습니다. 하지만 그의 부가 쌓이면 쌓이는 만큼, 그는 세상에서 가장 나쁜 놈으로, 몹쓸 놈으로, 험악한 인생을 사는 놈으로 소문이 났을 것입니다.

　삭개오는 예수님에 관한 소문을 들으면서 또 하나의 사실을 알게 되었는데, 예수님이라는 분의 제자 중에 세리 출신 제자가 있다는 것이었습니다. 세리도 제자로 삼아서 그처럼 아름답고 크고 귀한 일을 3년째 행하시고 있다는 것입니다. 세리 삭개오는 여러모로 그 예수님이 궁금했습니다. 마태는 예수님께서 처음 사역 시작 전에 만나셔서 그를 제자로 부르셨다면, 삭개오는 예수님의 3년 공생애가 마쳐가는 시점, 즉 이제 십자가 사역을 앞두고 예루살렘에 입성하시는 과정에서 만난 사람입니다.

삭개오가 먼저 우리 주님을 향했습니다. 그는 지난 3년 동안 너무너무 궁금했던 그분을 직접 만나보고 싶었습니다. 그래서 뽕나무에 올라가서 예수님을 관찰했습니다. 웬일입니까. 예수님이 그런 삭개오를 아시고 "삭개오야, 이리 내려오라"라고 하십니다. 이루 말할 수 없이 좋았습니다. 예수님을 자기 집으로 모시면서 삭개오는 더 없이 기뻤습니다. 자기 인생에 이렇게 기쁜 날은 없었습니다.

그리고 그 예수님 앞에서 자기 삶을 되돌아봅니다. 스스로 생각해도 부끄럽기 이를 데 없었습니다. 그래서 그는 스스로 주님 앞에 자신의 험난했던 삶을 고백하며, 자신이 축적한 물질을 내어놓겠다고 말합니다. 우리 주님을 만난 삭개오는 이제 물질이 아닌 삶의 명예를, 삶의 영광을 선택하겠다는 것입니다. 이 놀라운 선언을 하며, 주님의 품에 안겨서 새 삶을 시작하는 것입니다.

나 같은 죄인을 부르러 오신 주님. 나 같은 죄인을 살리기 위해 오신 주님. 이 사실을 믿고 의지하며, 그 안에서 우리 인생은 진정한 희망과 열정을 품을 수 있습니다.

가장 아름다운 순간

인생을 산다는 것은 시간을 산다는 의미입니다. 시간의 가장 짧은 단위는 아마도 '순간'이라고 할 수 있을 것입니다. 그렇다면 지금까지 살아오면서 가장 아름답게 기억되는 순간은 언제였습니까? 지금 바로 떠오르는 어떤 아름다운 순간이 있습니까?

더 나아가서 성경 전체에서 가장 아름다운 순간의 장면은 어디일까요? 물론 우리들이 오랫동안 읽어왔고, 앞으로도 온 정성을 다해 존재를 걸고 읽어 갈, 이 성경의 어느 부분인들 소중하지 않은 곳이 있을까만은, 그럼에도 불구하고 이 성경의 전체 메시지 가운데 가장 아름다운 순간을 꼽으라면 어디겠습니까?

가장 아름다운 순간은 우리 예수님께서 십자가에 달려 계신 그 시간들입니다. 그 십자가는 살아 있는 생명체의 온 몸이 찢겨져서 그 목숨이 끊기는 고통의 순간이지만, 창세기에서 하나님이 온 세상을 창조하신 그 시간으로부터 요한계시록의 새 하늘과 새 땅이 이루어지는 그 놀라운 시간까지의 모든 시간들을 다 펼쳐놓고 보았을 때, 가장 아름답고 가장 기억될 만한 순간은 바로 우리 예수님이 십자가에 달려 계신 바로 그 순간이었습니다.

이 예수님의 십자가는 로마라는 나라의 두 얼굴을 생각해 보면서 파악해야 합니다. 로마가 온 지중해의 주인이 된 것은 예수님이 오시기 약 30년 전부터입니다. 그들은 법과 군대를 가지고 온 세계를 지배했습니다. 그들이 온 세계를 지배하고 있을 무렵, 바로 우리 예수님께서 이 땅에 오신 것입니다. 로마라는 나라는 온 세상을 자신들이 원하는 목적대로 이끌어가기 위한 법을 세웠고,

그 법을 어기는 자는 수위를 정해 처벌했는데, 가장 높은 수위의 처벌이 바로 십자가 처형이었습니다. 가장 큰 잘못을 저지른 자, 그들이 정한 법의 기준에 따라 '이런 자는 가장 큰 죄를 저질렀으니, 살려 둘 수가 없겠다. 죽여도 그냥 죽여서는 안 되겠고 최대한 고통을 줘서 죽여야 되겠다'라고 판단된 자에게 내리는 형벌이 바로 십자가였습니다.

그 당시 그들이 보기에 가장 악랄한 범죄를 저지른 자를 골라서 본보기로 죽이는데, 많은 사람들이 보는 앞에서 손발에 못을 쳐서 박고, 찢겨진 손발의 못 자국을 통해서 모든 피를 다 쏟으며 죽게 하는 것입니다. 다른 많은 사람들에게 '다시는 저런 식의 범죄로 인생을 비참하게 끝내지 마시오'라는 교훈을 주겠다는 의도를 가지고 죽이는 것입니다. 공개처형되어 십자가에 달린 사람들은 몇 시간이나 고통스러워하며, 서서히 죽어갔습니다. 이러한 모습은 보는 이에게 공포와 경각심을 심어주었을 것입니다. 로마는 바로 이같은 효과를 높이기 위해 그런 잔인한 처형방식을 가지고 있었던 것입니다. 무서운 사람들이었습니다.

그 큰 제국을 다스리고 있으며, 아름다운 조각들과 건축물들로 도시를 만들며, 그들 나름대로 수준 높은 정치를 편다고 하였지만, 정말 그 안에 깊이 들어가 보면 자신들의 그 틀을 지키기 위해서 아주 무서운 선택도 마다 하지 않는 나라의 사람들이었던 것입니다.

그런데 그런 로마의 십자가 처형을 악용하는 자들이 있었습니다. 바로 예수님을 십자가에 못 박은 세력들입니다.

예수 그리스도, 그분이 이 땅에 오셔서 공적으로 사역을 시작하신 후로, 행하신 모든 삶의 내용은 오직 인생들을 사랑하시고 인생들의 아픔을 어루만지시는 일이었습니다. 사람들의 눈물을 들여다보는 것이었고, 사람들의 고통을 덜어내는 것이었으며, 어쩔 수 없는 연약함으로 인해 저지른 죄 때문에 모든 인생들이 짊어지고 살 수밖에 없는 무거운 죄의식들을 거둬내고, 새 살이 돋아나도록 하시는 것이었습니다. 그리고 지식이 짧아 무엇이 중요한 내용인지

조차 분별하지 못하는 사람들에게 하나님의 말씀을 이해하기 쉽게 풀어 설명해주심으로써, 그들이 생각을 바로 세울 수 있도록, 그래서 인생의 의미와 가치가 무엇인지 깨달아 알 수 있도록 가르치셨습니다.

수많은 사람들이 그분의 얼굴을 보고, 그분의 손길을 경험하고, 그분의 가르침을 들으며 그 앞에 무릎을 꿇고, 그분을 통해 새 인생을 찾는 건 당연한 것이었습니다. 많은 사람들이 그분을 따랐고, 이제 예수님은 사랑의 운동, 용서의 운동을 아주 큰 규모로 세워 나가고 있었습니다.

그런데 주님의 이 놀라운 사역에 대해서 정치적 관점에서 오해를 만들어 잘못된 평가를 하는 자들이 있었습니다. 바로 대제사장과 서기관과 바리새인들입니다. 사실 그들의 본분으로 들어가면, 그들은 일찍이 하나님께서 2천 년 전에 선택하신 아브라함의 후손들이며, 하나님께서 아브라함과 그의 후손들에게 베푸신 크신 은혜와 혜택을 받은 자들입니다. 그런데 이들은 하나님께서 주신 혜택은 어떻게 하든 붙들려고 하되, 그들이 감당해야 될 사명에 대해서는 외면하고 등지기 시작하였습니다. 예수님의 가르침은 이들이 자신들의 잘못을 깨우치고, 그들의 말라버린 심령에 다시금 새 생명을 돋게 하는 좋은 기회였지만, 그들은 예수님의 가르침을 들으려 하지 않았습니다.

예수님의 3년의 공생애 사역이 마쳐갈 무렵, 예수님께서는 예루살렘에서 행해지고 있는 유월절 행사에 참여하기 위해서 그곳으로 가십니다. 그리고 그곳에서 대제사장과 그 세력들이 이 큰 규모의 행사를 통하여 예수님을 십자가에 못 박아야 되겠다고 한 계획을 실천에 옮기게 되는 것입니다.

일단 로마 제국 하의 각 피지배민들의 삶을 보면, 정치적 측면에서는 제한이 엄격했으나, 종교·문화적 측면에서는 일정 자유를 누릴 수 있었습니다. 이를테면 예루살렘은 예루살렘 나름대로의 정치적 결정권이나 재판권 등은 완전히 박탈당했으나, 종교적 결정은 어느 정도 자유롭게 내릴 수 있었습니다. 이스라엘도 종교나 문화적인 문제는 그들 내부에서 해결할 수 있는 자유가 있었습니다. 바로 대제사장이 그 권위를 로마 정권으로부터 허락받아 가지고 있었습니다. 그들은 이런 특권을 가지고 예수님을 잡아 들인 것입니다.

그들은 대제사장 집에 예수님을 잡아다 놓고 예수님의 잘못을 하나하나 만들어 내기 시작합니다. 사람이 살다보면 자기 이익을 위해서 뭔가 조작하는 일이 있을 수 있겠습니다만, 이만큼 엄청난 조작도 없을 것입니다. 우리 예수님이 무슨무슨 잘못을 했다고 거짓증인들을 세우고, 그 증거를 하나하나 조작해 갑니다. 그리고 결정적으로는 예수님이 유대인의 왕이라고 주장했으며, 하나님을 모독했다는 두 가지 죄목으로 예수님을 몰아붙입니다. 우리 예수님만큼 하나님 앞에 순종한 사람이 없고, 그분만큼 하나님의 뜻을 마음에 담고 인생을 사신 분은 없는데 말입니다. 하나님과 동등되신 그분은 오히려 그 동등됨을 취하지 않으시고 사람의 몸으로 이 땅에 내려오셔서 하나님의 뜻을 온전히 행해오셨는데, 이런 분에게 하나님을 모독했다는 조작된 누명을 뒤집어씌우고 있는 것입니다.

온 인류를 가슴에 품고, 그들에게 진정한 자유와 평등과 정의를 주시고자 꿈꾸시는 분에게, 유대인의 왕이라는 그 조그만 감투가 탐나서 로마 황제에게 대항하려고 한다는 말도 안 되는 거짓말로 몰아갑니다. 그리고는 예수님을 로마가 가지고 있는 가장 잔인한 처벌 방식, 즉 십자가에 못 박아 죽이라고 요구합니다. 예수님을 십자가에 못 박음으로써, 유대 민족들에게는 하나님을 모독하는 자가 어떻게 처벌받는지를 보여주고, 로마 제국 사람들에게는 로마에 저항하는 자가 어떻게 처벌받는지를 보게 하라고 밀어붙입니다.

　빌라도 총독은 그 사건의 본말을 이미 다 파악했습니다. 이 모든 것이 철저한 조작이고, 모함인 것을 빌라도는 감지하고 있었습니다. 그럼에도 불구하고 그는 진리를 지킬 마음이 없는 사람이었습니다. 그는 크고 높은 자리, 화려한 자리에 앉아서 입술로는 진리, 자유, 정의를 말하고 있었지만, 실상 그 마음속에는 권력과 물질에 대한 욕심이 가득 찬 사람입니다.

　그래서 그는 예수님이 아무런 잘못이 없음을 알고도, 그분을 십자가에 못 박으라고 허락해 버립니다. 해서 우리 예수님은 빌라도 법정에서 억울한 판결을 받으시고, 이제 십자가에 못 박히게 되는 것입니다.

　로마인들 입장에서 그 십자가는 누군가를 처벌해서 자기들의 목적을 이루는 하나의 수단에 불과했지만, 하나님께서는 그 십자가의 처형을 통하여 인간의 모든 죄들을 사하시겠다는 계획을 가지고 계십니다. 왜냐하면 하나님의 공의로는 모든 인생들이 처벌받아야 하기 때문입니다. 예수님으로 하여금 인생들의 죄를 대신 처벌받도록 하시겠다는 것입니다.

　우리 인생들은 모두 하나님의 형상을 닮은 존재들로서 이 땅
에서의 삶을 시작하지만, 하나님께 등을 돌리고 살아갑니다. 자
신을 낳아준 부모를 속이고 그 부모와 멀어져가며, 그 부모의 사
랑을 악용하는 자녀들이 있는 것처럼, 우리 또한 하나님의 사랑
으로 태어났으나 하나님과 멀어지며, 하
나님의 법과 하나님의 뜻에서 멀어져가는
삶을 살아가고 있었습니다.

　그런 수많은 인생들을 다시 한 번 품
고 사랑하시며 그들의 죄를 용서하시
기 위하여, 다시 말해 하나님의 사랑
과 공의를 이루시기 위하여, 하나님께
서는 그의 아들 독생자 예수 그리스도에게
십자가를 지게 하기로 결심하시고, 그
아들을 이 땅에 내려 보내신 것입니
다. 중요한 것은 바로 이 하나님의
공의 안에서, 하나님의 사랑 안에
서, 우리가 새로운 생명을 얻었다는
것입니다.

성경에 있는 가장 아름다운 순간, 하나님의 사랑과 하나님의 공의가 하늘의 꽃처럼 피어나는 그 순간. 우리도 이 아름다운 순간을 보고 듣고 느낄 수 있는 믿음의 사람들이 되기를 꿈꿉니다.

얼마나 좋으셨을까

얼마나 좋으셨을까요. 베드로가 겉옷을 챙겨들고 바다에 풍덩 빠져서 달려왔을 때 우리 주님이 얼마나 좋으셨을까요. 우리 하나님의 마음이 얼마나 좋으셨을까요.

주저함이 없습니다. 주님이시라는 말을 듣자마자, 겉옷을 챙겨들고 거침없이 바다로 풍덩 뛰어들어 헤엄쳐옵니다. 그 모습을 바라보시는 우리 주님의 모습, 부활하신 영광의 우리 주님 모

습, 상상이 가십니까? 좋아하시는 우리 주님의 모습이 말입니다.

부끄럽기 이를 데 없고, 얼굴을 들 수가 없습니다. 부끄러움이 온몸에 배여 있습니다. 그럼에도 불구하고 우리 주님이 오셨을 때, 저기 계신 분이 주님이시라는 말을 들었을 때, 베드로가 겉옷을 챙겨들고 제일 먼저 달려올 때 우리 주님이 얼마나 기쁘셨을까요. 얼마나 좋으셨을까요. 눈물이 납니다. 너무 좋아서….

훨씬 더 거슬러 올라가 보면 3년 전 우리 주님을 처음 만났을 때, 스스로가 부끄러울 뿐이었습니다. 그래서 "주님, 제 곁을 떠나십시오. 저는 죄인입니다"라고 말했습니다.

"저처럼 부족하고 부끄러운 자가 주님과 함께 있는 시간도 민망합니다. 제 곁을 떠나십시오."

그럼에도 불구하고 우리 주님께서 함께 동역하자고 부르셨을 때, 그분의 손을 잡았습니다. 드디어 그는 우리 주님과 더불어 3년의 세월을 함께 보냈습니다. 한 시간 한 시간이 좋았고 하루하루가 좋았습니다. 얼마나 많은 생각들을 더하게 되었는지 모릅니다. 갈릴리 바닷가에 배 한 척 띄우고 고기가 좀 많이 잡히면 그로 인해서 행복해하고, 좀 덜 잡히면 우울해하고, 한평생 그렇게 살 인생이었는데, 우리 주님을 만나서 인생의 진정한 의미가 무엇인지를 배우고 느껴가기 시작했던 것입니다. 예수님과 함께 보낸 3년 동안 그의 생각은 정말 많이 바뀌어 있었습니다.

우리 주님을 만나지 않았다면 천년의 도시 예루살렘에서 중심적인 사람이 될 수 있으리라고는 상상도 해보지 못했을 것입니다. 그러나 우리 주님과 함께 시간을 보내며, 우리 주님과 더불어 수많은 사람들의 환호 속에서 예루살렘을 방문하고, 대제사장들과 서기관들이 자신들을 함부로 대하지 못하고 경계하는 모습들을 보면서, 은연중에 자신들에게도 어떤 세상적인 기회가 주어지는 게 아닌가 하는 생각을 하게 된 것입니다.

주님이 이렇게 말씀하십니다.

"인자의 온 것은 높이 올라서 누구를 호령하기 위해서가 아니라 사람을 섬기고 사랑하며 수많은 죄인들을 위해서 목숨을 대속물로 바치기 위해서 온 것이다."

그렇게 다시 한 번 그들의 마음에 간절히 호소하시는 가운데 그 상황은 일단락되었습니다.

그리고 며칠이 지난 후 우리 주님이 제자들을 향해 말씀하십니다. 이제 하나님의 결정적인 뜻을 이루기 위해, 곧 십자가에서의 대속 사건을 마치기 위해, 우리 주님은 가야할 길을 가실 것이므로 제자들에게 당신과 거리 간격을 두는 것이 좋겠다고 의사를 밝히십니다. 이때 베드로와 제자들은 오히려 과하게 충성을 맹세합니다. 베드로가 말합니다.

"아닙니다. 다른 사람은 몰라도 저만큼은 절대로 주님을 부인하지 않습니다."

이 말이 끝나기가 무섭게 대제사장의 하솔들이 무장하고 우리 주님을 잡으러 왔습니다. 살기등등한 그 상황에서 우리 주님은 몰려온 사람들에게 말씀하십니다.

"내가 예수다. 나를 잡으러 온 것이니 내 곁에 있는 이들은 떠나갈 수 있도록 길을 터라."

그러시면서 당신만 순순하게 잡혀가시고, 다른 제자들은 도망갈 수 있는 시간과 기회를 주셨습니다. 그 틈을 타서 슬쩍 몸을 피하게 된 베드로는 우리 주님이 어떻게 되시는지 궁금하여 대제사장 집에 숨어 들어갑니다. 그런데 지난 시간 동안 지켜봐 온 우리 주님의 모습은 어디로 가고, 그분의 말씀 한 마디 한 마디에 모든 사람들이 "그렇습니다. 당신의 말이 옳습니다."라고 지지해주고 환호하던 분위기는 다 어디로 가고, 이제는 수많은 사람들이 예수님을 죽이기 위한 거짓 증거들을 만들고 우리 예수님을 함부로 대합니다. 주님 편에 선 사람이 아무도 없습니다. 지난 3년 동안 가는 곳마다 우리 주님 곁에는 늘 수많은 사람들이 따랐었는데 지금은 그 대제사장의 뜰에 있는 수많은 사람들 가운데 그 누구도 주님 편이 되지 않는 것입니다. 그리고 험하게 꾸며댄 거짓 흉계에 누구나 할 거 없이 동의하면서 예수님을 죽이려고 하는 것을 보고, 베드로는 그만 기가 질리고 말았습니다.

그때 누군가가 말합니다.

"저 사람도 예수의 제자인 거 같아."

베드로가 깜짝 놀라 엉겁결에 아니라고 얘기해버립니다. 그렇게 세 번을 아니라고 얘기했습니다. 그리곤 고개를 들었는데, 자신을 바라보시는 예수님과 눈이 마주쳤습니다. 그때 닭 울음소리가 들려옵니다. 스스로 너무 부끄러워 그 자리를 견딜 길이 없어 뛰쳐 나왔습니다. 그리고 엎드려서 한없이 울었습니다.

예수님은 그렇게 십자가에 달려 돌아가셨고, 그때로부터 불과 며칠이 지난 어느 날, 모든 게 삽시간에 끝났다고 상황을 파악한 베드로는 예루살렘에서 갈릴리로 옮겨갔습니다. 예루살렘에 입성할 때, 은연중에 이제 곧 자신이 사회적으로 뭔가 힘 있는 사람이 될 것이라고 생각했는데, 그 모든 생각이 산산이 부서진 상태에서 그는 3년 전에 잡았던 그 고깃배의 그물을 다시 잡은 것입니다.

몇몇 동료들과 더불어 그 밤 내내 그물을 던져보았지만 일이 손에 잡히지를 않았습니다. 아무리 생각해 봐도 정돈되는 것도 없고, 그렇게 밤을 지새웠습니다. 그런데 부활하신 우리 주님이, 영광의 주님이 디베랴 바닷가로 찾아오신 겁니다.

이쯤 되면 베드로 입장에서는 어떻겠습니까? 큰소리를 쳤던 만큼 스스로 더 많이 부끄러운지라 다른 제자들부터 가게 하고 자신은 제일 뒤에서 어색해 하면서 예수님 앞에 나갈 시간을 늦추고 있을 수 있습니다. 그런데 베드로는 어떻습니까. 3년 전의 모습과는 많이 달라졌습니다. 그동안 우리 주님을 알게 되었기 때문입니다. 자신이 비록 약하고 부족해서 그렇게 부끄러울 수밖에 없었지만, 3년 전에 우리 예수님 앞에서 스스로 발견했듯이 자신이 죄인이요, 지금도 더 부족하고 부끄러운 죄인임에 틀림없지만, 그러나 우리 주님께서 죄인을 부르러 오셨다는 사실을 그는 알았던 것입니다. 그래서 부끄러움을 무릅쓰고, 그 주님 앞에 먼저 달려가는 겁니다.

　베드로의 머릿속에는 분명하게 기억되는 이야기가 있습니다. 우리 주님이 일찍이 베드로의 귀에 들려주신 말씀입니다. 바로 누가복음 15장에 나와 있는 탕자 비유입니다.

　어느 집안에 두 아들이 있는데, 둘째 아들이 아버지의 유산을 미리 챙겨 들고 집을 나가버립니다. 아버지가 뒤따라가서 제발 같이 있자고 사정하지만 말을 듣지 않았습니다. 그 뒷모습을 바라보는 아버지의 모습이 얼마나 쓸쓸했을까요. 아버지의 눈은 계속해서 저 들녘을 바라보고 있습니다. 집 나간 둘째아들이 나타나기만을 기다리고 있습니다. 어느 날, 저 멀리에서 둘째아들이 나타납니다. 아들의 몰골은 정말 한심했습니다. 어깨엔 아무런 힘도 없고, 머리에서 발끝까지 고약한 냄새가 납니다. 그러나 아버지는 그 둘째아들을 향해서 달려갑니다. 뛰어갑니다. 그리고 껴안습니다. 아버지의 그 기뻐하는 마음이 상상이 되십니까.

예수님으로부터 이 이야기를 들었던 것을 베드로는 생생하게 기억하고 있습니다. 지금 그 아버지처럼 예수님이 자신을 기다리고 계시다는 것을 알고 있습니다.

그 배 안에 몇몇 사람이 있었는데, 베드로가 그들 가운데 가장 먼저 우리 주님 앞에 달려갈 때, 우리 주님이 그런 베드로를 보시면서 정말 좋으셨을 것입니다. 예수님께서는 조반을 만들어 그들에게 먹입니다. 생선과 떡을 구워 조반으로 먹고 난 후, 그 아침 분위기 속에서 우리 주님이 말씀하십니다.

"베드로야, 네가 나를 사랑하느냐?"

아니, 이 분위기에서 무슨 사랑 얘기인가 싶습니다. 그러나 깊이 생각해보면 이 말은 지금 베드로의 사랑 고백을 듣고 싶다는 얘기가 아닙니다. 우리 예수님이 베드로에게 "내가 너를 사랑한다"고 고백하시는 겁니다.

누군가와 사랑 이야기를 해보셨습니까? 길가에 지나가는 아무나 붙들고, "당신, 나 사랑합니까?" 이런 얘기를 할 수는 없습니다. 그 질문은 누구에게 할 수 있습니까? 자식이 부모에게, 부모가 자식에게, 혹은 사랑하는 사람끼리 서로 물을 수 있는 질문입니다.

"당신, 나 사랑해?" 이 말은 결국 '나는 당신을 사랑하는데 당신도 나를 사랑하느냐' 이 말입니다. "시몬 베드로야, 네가 나를 사랑하느냐?"라는 이 예수님의 질문 안에 담긴 속 깊은 뜻은 바로 주님이 베드로를 사랑하신다는 얘기인 것입니다.

그 사랑 고백, 듣기 민망했습니다. 고백하기는 더 민망했을 겁니다. 하지만 그는 고백합니다.
"주님, 제가 당신을 사랑하는 줄 아시나이다."
베드로는 불과 열흘 전에 예루살렘에 입성할 때, 자신이 가졌던 부끄러운 생각을 떠올려보았을 것입니다. 그리고 자신을 결정적으로 사랑하시기 위하여 주님이 십자가에 당신의 몸을 내어놓으시는 바로 그 사랑의 순간에, 자신이 주님의 그 사랑 고백을 제대로 가슴에 담아내지 못했다는 것에 대해서 많이 부끄러웠을 것입니다.

베드로가 어떻게 느꼈겠습니까? 우리 주님이 십자가를 지신 그 모든 상황을 보며 '인류를 사랑하시기 위하여 저 십자가를 지셨지' 라고 생각했겠습니까, 아니면 '허물 많은 나를 구원하시기 위해 저 십자가를 지셨구나' 라고 생각했겠습니까.
베드로는 분명히 알았습니다. 자신을 사랑하기 위하여 예수

님께서 그 아픈 십자가를 지셨다는 사실을 말입니다. 그런데 바로 그 순간에 자신이 주님의 그 아름다운 사랑을 가슴에 담아내지 못하고, 한쪽 구석에 서 있었다는 것에 대해서 한없이 미안함을 느꼈을 것입니다. 하지만 부활하신 영광의 그 주님이 자신을 향해 다가오며 따뜻한 사랑의 고백을 하실 때, 그 고백을 가슴에 담으며 "주여, 제가 주를 사랑하는 줄 아시나이다." 이렇게 용기 내어 고백합니다. 베드로와 우리 주님의 사랑이야기입니다.

어서 돌아오오 어서 돌아만 오오
지은 죄가 아무리 무겁고 크기로
주 어찌 못 담당하고 못 받으시리오
우리 주의 넓은 가슴은 하늘보다 넓고 넓어

베드로는 이 찬양을 부르는 마음으로 주님께 달려갔을 것입니다. 세상에 어느 누가 부끄럽지 않은 인생일 수 있겠습니까. 하지만 부끄럽다고 우리 주님이 부르시는 그 넓은 품을 피해 갈 것입니까? 아니면 베드로처럼 첨벙하고 뛰어 달려갈 것입니까? 나를 향해 끝내 사랑하시는 주님, 그 넓은 가슴을 열어 놓고 기다리시는 주님의 놀라운 사랑을 외면해서는 안 될 것입니다. 우리는 언제나 그 사랑의 품으로 달려가야 합니다.

우리 주님은 당신께 달려오는 베드로를 기뻐하셨을 것입니다. 그가 그렇게 달려와 준 게 얼마나 좋으셨을까요. 우리 인생이 베드로처럼 우리 주님을 기쁘게 하는 인생이었으면 합니다.

3.
언제나 나를 돌보시는 하나님, 사랑합니다

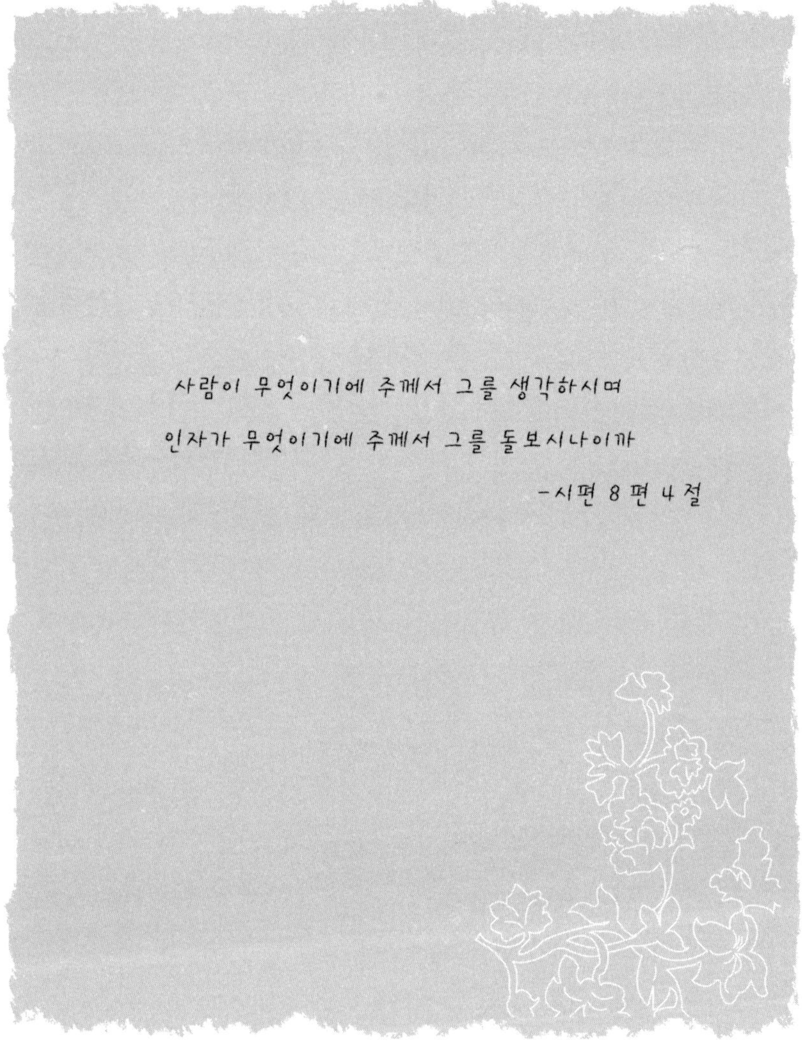
사람이 무엇이기에 주께서 그를 생각하시며

인자가 무엇이기에 주께서 그를 돌보시나이까

-시편 8편 4절

선한 손길

이새의 아들 다윗, 그는 목동 출신으로서 왕이 된 사람입니다. 당시 이스라엘에는 이미 명문가문이 있었습니다. 누가 뭐라 해도 당연히 사울의 가문이 최고 명문가문입니다. 하나님의 은혜로 이스라엘 초대 왕이 된 사울은 이미 20년 이상 왕으로 재직하면서 그의 집안과 그의 혈육들을 그 시대 모든 사람이 부러워할 만한 명문가 사람들로 만들어 놓았던 것입니다. 사울은 정치의 맛, 권력의 맛, 재물의 맛을 보고 난 후, 그것을 어떻게든 자

신과 가족들, 그리고 자신의 가문이 오래도록 향유할 수 있도록
해야 되겠다는 계획을 세운 것입니다. 문제는 하나님께서 사울
의 그 계획을 그다지 기뻐하지 않으셨다는 것입니다.

이에 하나님께서는 목동 출신 다윗을 예선하시고, 부지런히
훈련시키셔서, 훈련을 시작하신 지 20여 년 만에 이스라엘 나라
의 강력한 왕으로 세우셨습니다. 다윗이 왕이 되고 난 후, 여러
가지 일들이 일어납니다. 이웃 나라 두로 왕 히람이 당시 세계
흐름을 살펴 본 뒤, 다윗이 곧 이스라엘 근동 전체를 이끌 리더
가 되리라는 것을 예감하고, 이 힘 있는 왕과 호의적인 관계를
맺어둘 생각으로 다윗에게 선물을 보냅니다. 히람은
두로의 특산물인 아름드리 백향목들과 좋은 돌
들, 또한 이것들을 잘 다루는
기술자들로 거대한 행렬을
이루게 하여 예루살렘에 보
냅니다. 이 백향목 기둥과
크고 아름다운 돌들로 다윗
이 살 왕궁을 지어주겠다면서
말입니다.

어느 날 다윗이 예루살렘에서 두로 왕이 자신에게 선물을 보냈다는 전갈을 받고, 밖으로 나가서 수레 행렬을 바라봅니다. 다윗이 얼마나 놀랐을지 상상을 해보십시오. 다윗이 그 수많은 수레 행렬들을 바라보며 한 가지 깨달은 점이 있는데, 그 내용은 바로 "여호와 하나님께서 자신과 자신의 나라를 높이셨다"는 것입니다.

그는 십대 후반 청소년기에 사무엘로부터 기름 부음을 받았습니다. 그 후 그의 나이 30세에 유다 지파만의 왕이 되었습니다. 그런데 그때로부터 7년이 지난 지금, 그는 이스라엘 모든 백성들의 합의 하에 통일왕국의 왕이 되었습니다. 온 백성들이 여러 차례 깊이 생각해 보고, 다윗만큼 훌륭한 우리 시대의 지도자는 없다는 것에 동의해서 그를 왕으로 세운 것입니다. 그러니 지금은 백성들의 환호가 절정에 달한 상황입니다. 그런데 더 나아가 이웃 나라의 왕이 다윗에게 궁궐을 지을 자재로 사용하라며 좋은 것들을 선물로 보내 준 것입니다.

정말 다윗 입장에서는 놀랍고 기쁜 일이 아닐 수 없었습니다.

그런데 이 모든 사실을 다 지켜본 다윗의 고백은 이렇습니다.

"다윗이 여호와께서 자기를 세우사 이스라엘 왕을 삼으신 것과 그 백성 이스라엘을 위하여 그 나라를 높이신 것을 아니라."

자기가 대단히 힘 있는 사람이라는 것을 알았다는 것이 아니라, 하나님의 손길 덕분에 자신이 귀한 대접을 받는 자리에 있다는 사실, 그리고 이스라엘 나라 전체가 주변 나라들 사이에서 귀한 대접을 받는 것 또한 하나님의 은혜라는 사실을 알았다는 것입니다. 보통 이 정도로 급격한 신분변화를 경험하게 되면, 과거에 자신이 누구였는가에 대해서는 빨리 잊게 되는 것이 일반입니다. 그런데 다윗은 바로 이때 하나님의 손길이 자신에게 미쳐 오늘 자신이 이 큰 복을 받았다고 고백하고 있는 것입니다.

이전에 다윗은 참 어렵고 힘든 날들을 보내왔습니다. 들녘에서 보낸 춥고 배고픈 밤이 어디 하루 이틀이었겠습니까. 자기가 거하는 처소에 사울의 군대가 불시에 급습하지는 않을까 하는 긴장된 마음으로 밤을 지새운 날들이 얼마나 많았겠습니까. 그러니 지금까지 다윗은 편안한 거처에 머물러 본 적이 거의 없다고 해도 과언이 아닙니다. 어렸을 때에는 들판에서 아버지의 양을 돌보느라, 그 이후에는 사울에게 쫓기느라 말입니다. 그런데 지금까지 오랜 시간 동안 그 거친 야영생활을 해온 자신에게, 이웃 나라 왕이 친히 목수와 석수들을 보내서 으리으리한 궁궐을 지어주고 있습니다. 이를 보면서 다윗의 마음에 많은 생각들이 오고갔을 것입니다. 그 깊은 생각의 끝자락에서 나오는 그의 고백은 이렇습니다.

"하나님의 손길이 여기까지 함께하시는구나."

이제 이 나라 전체가 이후로 약 33년 동안 하나님이 쓰시기에 합당한 제사장 나라로 잘 다듬어져가는 모습을 보게 됩니다.

세월이 지나고 다윗이 군인들의 수를 계수하는데, 그 국가 내에서 군인으로 징집할 수 있는 20세 이상 60세 이하 장정들의 숫자가 120만 명이나 되는 것을 보게 됩니다. 대단한 숫자입니다. 그들이 다 군인들은 아니었지만 언제든 유사시에 군인으로 징집할 수 있는 조건을 가지고 있는 사람들이 이렇게나 많았습니다.

다윗이 그 120만 명 가운데 30만 명이나 50만 명만 군대로 징집하고, 그가 쌓아온 군인으로서의 경험을 잘 살려 그들을 정련된 군대로 만들어 이웃 나라들을 점령하러 다녔으면, 이스라엘은 크나큰 제국을 만들 수도 있었을 것입니다. 그랬다면 다윗은 세상에서 가장 큰 영광을 얻고, 세상에 있는 좋은 보물들은 모조리 다 자신의 것으로 만들 수 있었을 것입니다. 그러나 다윗은 그리하지 않았습니다.

일찍이 5백여 년 전 출애굽한 이스라엘 백성들을 세워놓고 그들 지파의 이름을 보석에 새기며 그들을 귀히 여기겠다고 말씀하신 하나님께서는 그와 더불어, 그들을 온 세상 가운데 거룩한 백성과 제사장 나라로 삼으시겠다고 말씀하셨습니다. 그 같은 사실을 기억하고 있는 다윗은 그 말씀에 순종한 것입니다.

그 말씀에 따를 것 같으면, 이스라엘 백성은 온 세상 열방들과 하나님 사이에 존재하는 나라로서 제사장적 사명을 감당하며, 하나님을 섬기는 자가 어떻게 큰 뜻을 품고 아름다운 생각을 가지고 인생을 살며 나라를 경영하는지 가르치는 역할을 부여받은 것입니다. 다윗은 이 사명을 국가적 사명으로 세웠기에, 다른 나라를 침략하는 방식으로 제국을 세우지 않았습니다. 끝내 다윗의 고백은 "여호와는 나의 목자시니 내가 부족함이 없다"는 것입니다.

언제 어느 때나 하나님께서 선한 손길로 푸른 초장과 쉴 만한 물
가로 인도하신다는 것입니다.

또 다른 한 사람, 하가랴의 아들 느헤미야.
그는 포로로 끌려왔던 사람들의 2세 가운데 한 사람입니다.

우리가 '민족'이라는 공동체 단위를 소중히 생각하며, 우리
민족을 위해서 기도하는 데에는 그만한 이유가 있습니다. 민족
공동체라는 틀을 유지하면서, 하나의 민족이 어느 지역에 적절한
삶의 기반을 놓고 살아가는 것은 생각보다 참 행복한 일이기 때
문입니다. 만약 우리가 뿔뿔이 흩어져 남의 나라에서 소수 민족
으로 살아가야 한다면 생각보다 불편하고 힘든 일들이 참 많을
것입니다. 또한 그런 안타까운 상황에서 맛볼 수 있는 행복이라
는 것은 지극히 제한적일 수밖에 없을 것입니다. 이같은 기준에
서 생각해 보건대, 그 옛날 페르시아 제국에서 포로민으로 살아
가던 유대인들의 상황 또한 정말 힘들고 볼품없었을 것입니다.

그런 불리한 민족적 조건 속에서도, 느헤미야는 목표를 분명
히 하고 최선을 다해 노력한 결과, 페르시아 왕으로부터 최고 인

정을 받는 사람, 즉 왕의 최측근의 위치에 오를 수 있었습니다. 페르시아 왕 생각에, 느헤미야와 대화하면 기쁨이 있습니다. 그의 생각을 빌리면 나라 경영이 손쉬워집니다. 그는 왕이 부러워하고 사용하기를 원할 정도로 워낙 탄탄한 실력을 가지고 있었습니다. 어쩌면 그렇게 생각이 명석하며 그가 가지고 있는 지식은 사용하기에 유용한지, 또 그 지식을 바치면서도 어찌나 겸손하고 멋있는지, 왕 입장에서는 그런 측근을 옆에 두고 있는 게 가장 행복한 일입니다. 그래서 늘 그와 가까이 하고 싶어했습니다. 느헤미야는 바로 그런 사람이었습니다.

그 정도로 왕의 신임을 받는 지위에 있었으니, 왕의 힘을 빌리면 자신의 먹는 음식과 입는 옷, 자신이 사는 집, 그 외의 모든 것들까지 완벽하게 갖추어놓고 풍족하게 누리며 살 수도 있었습니다. 그런데 그런 그가 한 가지 꿈을 꿉니다. 다름 아니라, 예루살렘, 그 황폐된 성을 재건하겠다는 놀라운 꿈이었습니다.

이 꿈을 이루는 것은 자신의 지식과 능력만 가지고는 힘들었습니다. 근원적으로는 하나님께서 하실 일이었지만 사회적으로 볼 때 반드시 왕의 도움이 필요했습니다. 얼마간의 세월을 보낸 어느 날, 느헤미야가 자기 삶의 최종 목표인 예루살렘 성벽 재건을 놓고 왕에게 중요한 승부수를 띄우게 됩니다.

"왕이시여, 도와주십시오. 제가 예루살렘 총독으로 부임하고 싶습니다. 그곳에 가서 성을 재건하고 싶은데 왕이여, 나를 도와 주옵소서."

페르시아 제국은 자신들이 다스리는 나라의 영역 전체를 120도로 나누었는데, 예루살렘도 그 중 한 곳입니다. 바로 그곳에 자신을 총독으로 보내달라는 것이지요.

당시 페르시아의 총독의 위치는 대단했습니다. 한 예로 말라기는 페르시아 제국 때 기록되었는데, 거기에 "너희가 나에게 병들고 쓸모없는 것들을 가지고 오는데, 그걸 너희 총독들에게 가져가 봐라. 총독이 받겠느냐?"라는 말씀이 있습니다. 이 말은 그 시대의 총독이 얼마나 높은 위치에 있었는가를 단적으로 드러내 줍니다. 그런데 이 대단한 자리로 자신을 보내달라고 요청한 것입니다.

다행스럽게도 왕이 느헤미야에게 예루살렘 총독 자리를 흔쾌히 허락해줍니다. 왕이 120도의 각 총독을 세울 때 아무나 세웠겠습니까? 결코 그럴 리 없습니다. 특히나 예루살렘의 경우는 유대인인 느헤미야를 총독으로 보내게 되면 문제가 생길 수도 있습니다. 바벨론 시대 같으면 포로민 가운데 바벨론 정신으로 교육받은 우수한 인재를 고국으로 돌려보내 통치를 하는 것이 국가의 정책이었지만, 지금 페르시아는 그런 정책을 쓰고 있지 않습니다. 그러므로 잘못하면 굉장히 위험한 일이 될 수도 있는 것입니다. 그런데 페르시아 왕이 느헤미야를 예루살렘 총독으로 보내주며 기한을 정해 돌아올 날을 묻습니다. 향후 정치적 입지까지 보장해주는 것입니다.

게다가 느헤미야는 예루살렘에 혼자 갈 계획이 아니라, 거의 수만 명에 가까운 사람들과 함께 갈 계획을 세우고 있었습니다. 이 많은 사람들과 함께 가려면 반란군이라는 오해를 피하기 위해 왕의 특별허락이 있어야 하는데 그것도 받아냅니다. 또한 그 황폐된 예루살렘 성을 중건해야 되는 막대한 사명을 꿈으로 가졌는지라 많은 자재와 도구들이 필요했습니다. 그는 왕에게 그것까지도 요청했고 왕은 느헤미야가 구한 것 전부를 허락해 줍니다. 얼마나 왕과 느헤미야의 신뢰가 깊었는지를 짐작케 하는 대목입니다.

이처럼 왕과 통할 수 있다는 것은 대단한 일입니다. 지금 시대에 만약 대통령과 핫라인으로 통하는 위치에 있는 사람이라면 상당히 유력한 사람이라고 생각할 수 있듯 말입니다. 그런데 느헤미야라는 사람이 바로 그렇게 왕과 직접적으로 통하는 자리에 있는 것입니다. 이 정도 든든한 위치에 있으면, 이런 자신의 능력을 과시하고 드러내고 싶을 만도 합니다. 그런데 느헤미야는 왕으로부터 예루살렘 총독 자리, 그리고 성 중건을 위한 기자재들을 모두 허락 받은 후에 하나님의 선한 손이 도우시므로 왕이 허락했다고 고백합니다.

느헤미야는 이 고백을 자기 혼자의 생각만으로 머물러 두지 않고, 예루살렘으로 돌아온 후, 그곳에 살고 있는 사람들에게도 공개적으로 고백합니다.

"저희에게 하나님의 선한 손이 나를 도우신 일과 왕이 내게 이른 말씀을 고하였더니 저희의 말이 일어나 건축하자 하고 모두 힘을 내어 이 선한 일을 하려 하매…"

자신의 능력으로 이렇게 좋은 조건을 가지고 왔다고 자신을 드러내는 것이 아니라 하나님의 선한 손이 나를 도우시고 이끄셔서 이 모든 조건들을 허락받았다고 이야기합니다.

다윗과 느헤미야. 이들은 당시 시대 상황 속에서 강력한 힘을 가진 사람들이었습니다. 그런데 이런 사람들이 자기들의 모든 영역이 하나님의 손길 안에 있다고 고백한 것입니다. 자신들이 그처럼 대단한 실력을 쌓을 수 있었던 것도, 그 실력으로 인해 그 시대에 가장 힘 있는 위치에 오른 것도, 결국은 그분의 보이지 않는 손길에 의해서 이루어졌다는 놀라운 고백을 진심으로 하고 있는 것입니다. 우리 인생 가운데에도 이런 날이 있기를 원합니다. 그리할 때 이루어져 가는 모든 상황을 지켜보면서 다음과 같은 고백이 우리에게 있기를 바랍니다.

"하나님의 선한 손길이 나를 여기까지 이끄셨습니다."

우리의 능력을 넘어서

    살다보면 힘들어 지칠 때도 있고, 자기 능력이 기대만큼 미치지 못하는 것에 대해 절망스러울 때도 있으며, 잘하고 싶은데 생각만큼 안 되어 스스로 실망할 때도 있습니다. 그렇게 힘이 빠질 때마다 우리는 어떻게 하면 다시 힘을 내서 잘할 수 있을지 고민합니다. 때로는 부모님이나 선생님의 위로가, 때로는 주변 누군가의 지혜로운 말 한 마디가, 혹은 적절한 휴식이나 운동이 우리를 다시 힘나게 하는 계기가 될 수 있습니다.

그러나 우리에게 공급되는 힘의 출처들이 앞서 이야기한 것들만은 아닙니다. 우리가 무엇보다도 붙들어야 할 가장 든든한 힘은 여호와 하나님이시고 그분의 능력입니다. 우리는 우리의 힘만으로는 이 세상을 살아갈 수 없다는 사실을 분명히 알고 있습니다. 그래서 삶 가운데 닥쳐오는 어려운 일들, 그 힘든 일 가운데 한계에 부딪힐 때마다 성경을 펼쳐서 하나님의 사람들을 찾아봅니다. 그러면 성경 속에서 만나는 하나님의 사람들 역시 인생을 살아가는 가운데 한계 상황에 직면하곤 하였지만, 그때마다 여호와 하나님을 의지하여 그 한계를 넘어서고 다시 일어나 걷는 모습들을 확인할 수 있습니다.

기드온이 살던 사사시대에는 이스라엘 백성들의 삶이 참으로 어렵고 힘들었습니다. 주변 나라들이 틈만 나면 쳐들어와서 좋은 건 모조리 다 가져갔기 때문입니다. 하지만 안타깝게도 당시 이스라엘 백성들에게는 그 이웃 나라들의 침략에 저항할 수 있는 아무런 힘도 없었습니다. 그래서 한 해 동안 열심히 농사를 지어 놓은 것들을 곳간에 쌓기도 전에 주변의 모압, 암몬, 미디안 등에게 모두 빼앗겨 버리는 신세였습니다. 이런 일이 매년 반복되는 상황에서 이스라엘 백성들은 결국 하나님 앞에 두 손을 들고 도움을 요청합니다.

"우리 힘으로 저들의 침략을 막아낼 수 없습니다. 우리에겐 능력이 없습니다. 하나님, 도와주시옵소서."

이스라엘의 간구를 들으신 하나님께서는 기드온을 사사로 세우시고, 그에게 함께 싸울 용사들을 모집할 것을 명하십니다. 기드온이 미디안에 대항해 싸울 사람들은 모두 일어나 모이라고 깃발을 들자, 무려 3만 2천명이라는 굉장한 수의 사람들이 모여 들었습니다. 기드온은 그 많은 숫자를 보고 힘이 났을 것입니다. 그런데 하나님께서는 기드온에게 말씀하시길, 모인 군사의 숫자가 너무 많으므로 미디안 사람을 그 손에 붙이지 않겠다고 말

쏨하십니다. 이 많은 숫자가 전쟁을 치르게 되면, 그 싸움의 승리를 놓고 혹여 자신들이 이렇게 많은 숫자에 힘입어 전쟁에서 이길 수 있었다며 교만해질 가능성이 있기 때문이었습니다.

하나님께서는 먼저, 마음 가운데 두려움이 있는 사람들은 다 돌려보내라고 하십니다. 전쟁을 앞두고 두렵지 않은 사람이 어디 있겠습니까. 조금이라도 두려운 마음이 드는 사람은 집에 돌아가라고 했더니, 2만 2천명이나 되는 사람들이 다 돌아가 버리고, 1만 명의 군사만 남습니다. 그런데 하나님께서는 아직도 여전히 많다고 하십니다. 그러면서 다음 단계로는 저들을 물가로 데리고 가서 물을 먹게 하고, 물을 먹는 방식에 따라 사람들을 분류하라고 하십니다. 만 명의 사람들이 천태만상으로 물을 마시기 시작합니다. 어떤 사람들은 아예 강물 속으로 뛰어가서 물을 마시기도 하고, 어떤 사람들은 엎드려서 핥아먹기도 했습니다. 그런데 그 중 어떤 사람들은 주위를 조심스럽게 관찰하면서 손으로 물을 떠서 마셨습니다. 하나님께서 바로 그들을 택하라고 하십니다. 만 명 중에서 손으로 물을 떠서 마신 사람은 겨우 3백 명이었습니다. 하나님께서는 이제 그 3백 명과 함께 해변의 모래알처럼 많은 미디안 군대를 상대해서 싸우라고 하시는 것입니다.

3만 2천 명 가운데, 결국 남은 사람들의 숫자는 처음 수의 백분의 일도 채 안 되는 3백 명뿐입니다. 그런데 놀라운 것은 기드온이 이 작은 숫자의 군사로도 싸울 수 있다고 힘을 낼 뿐만 아니라, 뽑힌 군사 3백 명의 사기도 높았다는 것입니다. 사실, 이만큼의 믿음도 대단한 것입니다. 기드온이 굉장한 믿음의 소유자이고, 3백 명 또한 매우 용기 있는 사람들이었다는 사실을 알 수 있습니다.

하지만 여기까지가 그들의 능력입니다. 아무리 용기가 크고 사기가 충천해도, 기드온과 3백 용사는 그들만의 힘과 능력을 가지고는 무수히 많은 미디안의 군사를 물리칠 수 없음이 자명했습니다. 그들 또한 자신들만의 힘으로는 미디안을 물리칠 수 없다는 사실을 잘 알고 있었습니다. 그렇다면 그들이 승리를 확신하는 이유는 무엇입니까? 바로 자신들의 한계를 넘어설 수 있는 힘이 하나님께 있으며, 그분과 함께라면 반드시 이 전쟁을 승리로 이끌 수 있다는 믿음 때문입니다.

3만 2천 명 가운데에서 선택받았다는 것도 자랑스러운 일입니다. 그들의 능력이 그만큼 출중했기 때문입니다. 하지만 그들이 지금까지 확보한 이 능력 또한 하나님께서 이미 베푸신 은혜

가운데 주어진 것이라는 사실을 잊어서는 안 됩니다.

우리는 때때로 내가 무엇을 할 수 있을까 고민합니다. 하지만 가만히 생각해보면, 나에게 이미 많은 능력이 있습니다. 하나님께서 이미 허락해 주신 것들이지요. 그 능력들은 사실 내가 만든 것이 아니요, 하나님께서 지금까지 지혜를 주시고 기회를 주신 덕분에 하나하나 쌓아올 수 있었던 것입니다.

기드온과 그의 3백 용사는 이미 주신 능력에 감사하며 만족하였지만, 더 나아가 자신들을 통해서 하나님께서 이루실 더 큰 일을 기대하며 다시 하나님의 능력을 기다리는 모습을 보여줍니다. 결국 기드온의 용사들은 하나님의 능력을 힘입어 수많은 미디안 군대를 물리칠 수 있었습니다. 이를 통해 오랫동안 이어졌던 미디안의 약탈에서 벗어나 민족 전체가 평안과 자유를 누리게 됩니다. 하나님이 기드온과 3백 용사의 힘이 되어주셨기에 가능한 일이었습니다. 바로 이 능력 많으신 하나님께서 우리의 힘이 되어 주십니다.

우리 예수님 곁에는 항상 많은 사람들이 가까이 하고 싶어했습니다. 왜냐하면 그분 곁에 가면 그분이 전해주시는 말씀을 들

을 수 있는데, 그 말씀을 들으면 답답했던 속이 시원
해지고, 인생이 새롭게 설계되는 놀라운 축복을 받
을 수 있었기 때문입니다. 또한 아픈
사람들은 육체의 질병에서 고침을
받는 놀라운 기적도 체험할 수 있었습
니다. 그래서 예수님이 어딜 가시든 그분
곁에는 늘 많은 사람들이 모여들었습니다.

　어느 날, 예수님께서 빈 들에 가셨을 때에
도 수천 명이 몰려들었습니다. 예수님은 그들
에게 하나님 나라와 하나님의 사랑에 대해 정
성을 다해 가르치셨습니다. 그런데 말씀이 한
창 진행되다 보니 어느덧 시간이 많이 흘렀고,
모인 무리들은 끼니를 해결하지 못해 배고픔을
느끼고 있었습니다. 미처 음식을 준비하지 못
한 채, 불시에 몰려온 사람들인지라, 그들 스
스로 허기를 면할 수 있는 어떤 대책은 없는 상황이었습니
다. 이 모습을 안타깝게 여기신 예수님께서 제자들에게 모여
있는 사람들에게 먹을 것을 주자고 말씀하십니다. 그러자 제자
들이 "선생님, 우리에게 준비된 양식이 조금밖에 없는데, 어떻게

이 많은 사람들을 먹일 수 있겠습니까? 오히려 빨리 마을로 돌려보내는 것이 낫습니다.”라고 대답합니다. 이에 예수님께서는 지금 있는 양식을 가져오라 하시고 제자들이 보리떡 다섯 개와 물고기 두 마리를 들고 오자, 그것을 들고 축사하십니다.

예수님 곁에 모여든 많은 사람들, 그들은 사실 세상의 명예와 권력을 탐하기 위해 예수님께 가까이 온 것이 아닙니다. 삶에 지친 사람들이 예수님을 만나 새 힘을 얻고, 인생을 다시 생각할 수 있는 길을 찾고자 예수님 곁으로 다가왔던 것이지요. 특히 갈릴리 등지에서 평범하게 살다가 예수님의 부르심에 순종해 제자가 된 이들은 예수님께서 그들에게 “함께 하자”고 부르셨을 때, 모든 것을 버려두고 벌떡 일어나 예수님을 따른 사람들입니다. 아름다운 꿈을 향해서 기꺼이 자신들의 삶을 바치고 그 지도자와 동고동락한다는 것은 결코 쉬운 일이 아닙니다. 그런 면에서 보면 예수님의 제자들도 꽤 괜찮은 사람들이었습니다.

그러나 그들에게도 역시 한계가 있을 수밖에 없습니다. 제자들에게는 자기 스승의 말씀을 듣고자 모인 수많은 무리들을 환영하고 반기는 마음은 있었지만, 그들의 배고픔을 해결해 줄 수 있는 조건은 갖고 있지 못했습니다. 이것이 제자들의 능력의 한계였습니다. 누구나 어느 순간에 한계에 부딪치듯이 그들도 한계에 부딪쳤던 것입니다. 바로 그 때 우리 주님이 떡과 생선을 가져오라 명하십니다. 그 말씀에 순종하여 떡과 생선을 가져다드리자, 예수님은 그것을 들고 축사하셔서 거기 모인 무리들을 모두 배불리 먹이셨습니다. 예수님께서 제자들의 한계를 극복하신 것입니다.

하나님은 햇빛과 바람, 비를 내려서 이 땅에 초목들이 열매를 맺게 하시는 자연적 은혜를 베푸심으로써 인생들의 배고픔을 해결하십니다. 뿐만 아니라 하나님은 초자연적 역사로, 즉 농부들이 농사한 결과물이 아닌, 직접적 능력으로 인생들을 먹이기도 하십니다. 하나님께서는 출애굽 백성들에게 만나를 먹이셨고, 지금 예수님께서도 그 사실을 보여주시는 것입니다.

　성경의 모든 기록을 믿고, 하나님의 능력을 믿으며, 저의 삶의 여정 속에도 이런 놀라운 일이 일어날 수 있다는 사실을 믿는 것이 복입니다. 우리의 힘이 되신 여호와 하나님께서 우리를 강력하게 이끄신다는 사실을 믿고 살길 원합니다. 하나님의 도우심을 힘입는다면, 우리는 더 큰 미래를 꿈꾸며 무한한 가능성 안에서 살 수 있습니다.

기대가 담긴 기다림

예수님이 참 좋습니다. 그분이 너무 멋있습니다.

예수님께서는 갈릴리 바닷가를 비롯해 여러 곳에서 제자들을 모으셨는데, 특별히 12명의 사람들이 예수님께 배우고 그분의 뜻을 따르겠다고 결심하며 예수님 곁에 다가왔습니다.

예수님의 제자가 된다는 것은, 이를테면 갈릴리 바다에서는 배의 노를 저어야 하고, 벳새다 들녘에서는 떡 바구니를 들고 땀 흘리며 뛰어다니는 심부름을 해야 하는 것을 의미했습니다. 또한 북쪽 나사렛에서 남쪽 중앙의 예루살렘까지, 때로는 유대 지역을 넘어 사마리아 등지에까지 많은 거리를 걷는 일에 동행해야 하는 일이었습니다. 이 일을 함께 할 동역자로 우리 주님은 12명을 선별하셨는데, 이후로 이들은 하나님의 뜻대로 사람을 사랑하고, 말씀을 배우고자 애쓰며 시간을 보냅니다.

그들은 3년 동안 예수님과 더불어 살며 많은 것을 배웠습니다. 예수님이 워낙 훌륭하고 멋진 분이시라, 예루살렘, 유다, 사마리아, 갈릴리 지방 등 예수님이 가시는 곳마다 많은 사람들이 그분 곁으로 모여들었습니다. 그리고 이제 예수님께서는 당신의 마지막 구속사역을 감당하시기 위해, 예루살렘으로 가시고자 준비하고 계십니다.

예수님께서 비장한 각오를 가지고 예루살렘에 입성을 하시는데 세베대의 아내, 즉 예수님의 제자들 중 야고보와 요한, 두 사람의 어머니가 자기 아들들을 데리고 예수님을 찾아옵니다. 그리고는 중요한 부탁을 하는데, 그 내용인즉슨, 이제 예수님께서 예루살렘에 올라가시면 곧 왕이 되실 것 같은데, 그러면 야고보와 요한, 이 두 사람을 우의정과 좌의정에 앉혀달라는 것입니다. 자신이 볼 때 예수님의 12제자들 중에서 자신의 두 아들이 단연코 월등하니, 이 두 아들을 중심으로 예루살렘의 왕이 되시라는 것이었습니다.

이 말을 듣고 계시는 예수님의 심정이 어떠하셨을까요? 이제 일주일 후가 되면, 예수님은 십자가에 못 박히실 것입니다. 지금까지 살아온 3년간, 식사하실 겨를도 없이 가난하고 병들고 약한 자들을 돌보시고, 사람을 사랑하기 위해 거친 풍랑 중에도 바다를 건너시면서 시간을 보냈습니다. 그러나 앞으로 다가올 그분의 고난은 이제까지와 비교할 수 없을 만큼 크고 엄청난 고난입니다. 그 남은 일주일을 두고 한 걸음 한 걸음 가고 있는데, 그 깊은 사역을 헤아리며 함께 그 고통을 나누겠다고 각오해도 부족할 판에 우의정, 좌의정이라니….

이제까지 아무리 많은 사람들이 자신을 따라도 예수님은 늘 같은 마음이셨습니다. 그런데 제자들은 예수님을 따르는 사람들이 많아지자, 예수님을 만나기 전에 별로 볼품없었던 자신들의 모습은 잊어버리고, 이제 자기들이 대단한 사람이라도 된 듯한 느낌을 가지게 된 것입니다. 그래서 그들은 모여 앉아서 곧 예수님이 왕이 되시면, 누가 우의정이 되어야 하나, 누가 좌의정이 되어야 하나 하면서 의논하고 있었던 것입니다. 많은 사람들이 예수님 곁으로 몰려들어 군중을 이루자, 그들은 스스로 자신들의 권력 자리를 만들었습니다. 예수님을 왕으로, 예수님 곁에 모여든 군중들을 백성으로, 자신들을 예수님과 그 군중의 중간의 지위로 판단한 것입니다. 야고보와 요한의 요청은 이런 제자들의 마음 상태를 고스란히 드러내 보여주는 행동이었습니다. 그 두 제자를 바라보시며 예수님께서 이렇게 물으십니다.

"너희가 나의 잔을 마실 수 있겠느냐?"

"네. 마실 수 있습니다."

자신들의 대답이 무엇을 의미하는지도 모르고 대답하고 있는 것입니다. 만약 제대로 예수님의 질문의 뜻을 파악했다면, 그것은 예수님처럼 십자가를 질 수 있다고 이야기하는 것이어야 했습니다. 하지만 제자들은 자신들의 상상 속에서 만들어진 예수님의 화려한 면만 바라보았지, 앞으로 그분이 당할 고통에 대해서는 전혀 알지도 못했고, 관심도 없었음이 사실입니다.

"너희가 과연 내 잔을 마시려니와 내 좌우편에 앉는 것은 나의 줄 것이 아니라 내 아버지께서 누구를 위하여 예비하셨든지 그들이 얻을 것이니라."

앞뒤 구분도 못한 채, 자신만만하게 대답하는 두 제자들을 향해 예수님은 이렇게 대답하시며, 지금 그들이 구하고 있는 유치한 소원을 뒤로 미루어놓으십니다. 기회를 주시고 기다리시겠다는 뜻입니다.

우리 예수님은 기다려 주십니다. 그리고 때가 차매 그들을 깨닫게 하실 것입니다. 세월이 지난 후에, 야고보와 요한, 이 두 제자는 어머니의 바람에 동의한 것을 얼마나 부끄러워했을까요. 그때 기다려주시고 이해해주신 예수님의 넓은 마음을 깨닫고 정말로 감사했을 것입니다.

이렇게 두 제자를 다독이신 예수님께서는 "너희 중에 으뜸이 되고자 하는 자는 도리어 섬기는 자가 되라"고 말씀하시며, "섬기는 것이 으뜸이며, 종이 되는 게 으뜸"이라고 제자들을 설득하십니다. 그리고 이제 예수님께서는 예루살렘에 입성하시는데, 수많은 사람들 앞에서 나귀를 타고 입성하십니다. 그분의 겸손을 드러내신 행동이었습니다. 또한 십자가에 달리시기 전날 밤, 예수님은 허리에 수건을 두르시고 무릎을 꿇어 손수 제자들의 발을 씻겨주시면서, 인생의 참 아름다움이 여기에 있다고 온몸으로 설득하십니다.

결국 야고보는 제자들 가운데 첫 번째 순교자가 되고, 요한은 가장 오래 살면서 주님의 증언자로 사역하는 사람이 됩니다. 예수님께서 이날 그들의 잘못을 덮어주시고, 끝까지 기대해주신 결과였습니다.

사랑의 예수님, 그분이 나를 끝까지 기대하시며 기다리신다는 사실을 깨닫고, 그분의 가르침에 귀 기울였으면 합니다. 남은 인생길을 걷는 동안, 예수님이 모범을 보여주신 삶의 방식을 따라 살았으면 합니다.

우리를 행복하게 하는 것

대체적으로 현대의 많은 사람들이 쇼핑하는 것, 즉 자신이 원하는 어떤 물건을 구매하는 것을 가장 하고 싶은 일 1순위로 여긴다는 통계보고를 들은 적이 있습니다. 물론 맛있는 음식, 멋진 의복, 호화로운 저택이 우리를 기쁘게 할 수 있습니다. 또한 꿈과 희망, 소중한 가족과 친구들도 우리에게 행복을 줍니다. 그런데 꼭 이런 것들만이 우리가 행복한 이유의 전부는 아닙니다. 그렇다면 오늘 우리를 진정으로 행복하게 하는 것들은 무엇입니까?

예수님께서 공생애를 거의 마무리하시고 예루살렘에 입성하실 때의 일입니다. 그분은 지난 3년 동안 정말 하루하루 정성스럽게 시대의 약자들을 돌보시면서 그분의 인생을 복되고 아름답게 사셨습니다. 그런 예수님을 보고, 많은 사람들은 인생이 무엇인지, 사랑이 무엇인지, 진정한 삶의 가치가 무엇인지 다시 생각해보는 기회를 가졌습니다. 그분을 만나 삶의 진정한 기준을 다시 생각해보게 되는 것은 그 당시 수많은 사람들에게 신선한 충격이었습니다.

그런 예수님은 당신께서 이 땅에 오신 진정한 목적을 이루시기 위해 그분의 마지막 사역을 시작하십니다. 앞으로 일주일 동안 예수님은 정말 의미 있고 중요하고 가치 있는 일을 하셔야 했습니다. 우리는 바로 이 장면, 즉 예수님께서 예루살렘으로 향하시는 이 장면을 통해 진정으로 우리를 행복하게 하는 것이 무엇인지 찾아볼 수 있습니다.

한편, 예수님께서 예루살렘에 입성하시는 것을 두고, 당시 많은 사람들이 예수님을 바라보는 시각과 예수님의 생각에는 큰 차이가 있었습니다. 로마 제국에, 그리고 그들과 결탁하고 있는 대제사장과 장로들 같은 권력자들에게 짓눌려 살고 있는 사람들, 힘 있는 사람들의 판에 끼어서 힘든 삶을 살고 있는 힘없는 민중들은 예수님을 앞세워 그 판을 한번 바꿔야겠다는 생각을 가지고 있었습니다. 그런 사람들은 대중들의 인기를 한 몸에 받고 있는 예수님이 자신들이 처한 힘겨운 현실을 획기적으로 변화시켜 주기를 기대하고 있었습니다. 그런데 예수님은 예루살렘에 입성하실 때 나귀를 타십니다.

'일당백(一當百)'이라는 말이 있습니다. 한 사람이 백 명을 상대한다는 뜻이지요. '일기당천(一騎當千)'이라는 말도 있습니다. 말 한 필을 타면 천 명을 상대할 수 있다는 말입니다. 그만큼 말(馬)은 수많은 사람들의 보편적인 힘을 제압할 수 있는 큰 힘을 가지고 있는 동물입니다. 그래서 수많은 장수들은 준마를 찾습니다. 그 말을 타면 굉장히 큰 힘을 얻을 수 있기 때문입니다. 당시 로마에서는 장수라면 의당 기본적으로 타는 것이 말이었습니다. 한 마리도 아니고, 한꺼번에 네 마리의 말이 이끄는 마차를 타고 개선식을 하는 것은 로마 장군이 누리는 최고의 영예였습니다.

그런데 우리 예수님은 그런 멋지고 강한 말을 타신 것이 아니라, 나귀를 타셨습니다. 찾고 찾다가 말이 없어서 임시 방편으로 나귀를 타신 게 아닙니다. 철저하게 계획적으로 타신 것입니다. 그렇다면 예수님은 왜 폼 나는 말이 아니라, 볼품없는 새끼 나귀를 타신 것일까요?

일단 예수님께서 나귀를 타고 오시니 좋은 점 한 가지는 주변 사람들이 예수님을 가까이 할 수 있었다는 점입니다. 말을 탄 사람에게는 그렇지 못한 사람들이 가까이 할 수 없습니다. 말 탄 사람에게서는 범접할 수 없는 위용이 느껴지고, 말 자체의 힘도 두렵기 때문입니다. 그런데 나귀를 타신 예수님께는 많은 사람들이 가까이 가서 옷을 벗어 깔고 종려나무 가지를 잘라 깔 수 있었습니다. 멀리 서서 박수만 쳐야 하는 것이 아니라, 누구나 가까이 할 수 있는 퍼레이드를 연출하신 것입니다.

예수님은 3년 동안 사역을 하시면서 언제나 모든 사람들이 예수님을 가까이 할 수 있도록 길을 트셨습니다. 하지만 우리 세상사는 어떻습니까? 한 나라의 대통령쯤 되면 같은 나라 국민이라도 아무나 그에게 가까이 다가갈 수 없습니다. 소위 잘나가는 사람들에게 가까이 가기란 하늘의 별따기처럼 어려운 일입니다.

그런데 만물의 주인이시고, 만왕의 왕이신 예수님은 수많은 사람들이 당신과 가까이 할 수 있는 길을 스스로 열고 계십니다. 이것이 예수님께서 나귀를 타신 중요한 이유 중 하나였습니다.

예수님께서 나귀를 타신 또 하나의 중요한 이유는 바로 '겸손'입니다. 겸손이란 진심으로 남을 높이고 자기를 낮추는 것입니다. 앞서 말했듯이 예수님이 나귀를 타신 것은 철저히 계획적이고 의도적인 일이었습니다. 이미 예수님이 이 땅에 오시기 4백여 년 전에 스가랴 선지자가 예언한 바 있습니다. 메시야가 입성할 때 나귀를 타실 것이라고 말입니다. 이처럼 아주 오래 전에 계획된 이 입성 방식, 그 안에 담긴 깊은 이유는 바로 '겸손'이었습니다.

"시온의 딸아 크게 기뻐할지어다 예루살렘의 딸아 즐거이 부를지어다 보라 네 왕이 네게 임하나니 그는 공의로우며 구원을 베풀며 겸손하여서 나귀를 타나니 나귀의 작은 것 곧 나귀 새끼니라."

오늘 우리를 행복하게 만드는 것은 겸손한 마음입니다. 진심으로 자기 자신을 비워가며 다른 사람은 높이고 자신을 낮추기 위해 노력하는 자세입니다. 우리 예수님은 가장 겸손한 분이셨습니다. 높고 높은 하늘 보좌를 버리고 이 땅에 오셔서 가장 가난하고 힘없는 사람들을 사랑으로 섬기신 분입니다.

정말 행복해지고 싶습니까? 우리 예수님의 이 겸손한 마음을 배우고 익히면 됩니다. 나귀를 타고 오시는 예수님을 닮으면 됩니다.

알면 알수록

성경을 펼쳐 읽으면 읽을수록, 하나님의 마음을 느끼게 됩니다. 또한 하나님의 마음을 알면 알수록, 하나님께서 인생들을 얼마나 사랑하시며 아끼시는지를 깨닫게 됩니다.

모세는 이스라엘 백성들을 출애굽 시켜 나온 후, 그들을 데리고 광야의 시내 산에서 1년 동안 머물렀습니다. 그 1년 중 5개월 20일 동안에는 법궤를 만들었고, 그 나머지 기간에는 율법을 받았습니다. 그 율법의 상당 부분은 제사에 관련된 내용으로 이루어져 있습니다. 제사를 드리기 위해서는 제사를 드리는 사람, 제사 집례를 도와주는 사람, 그리고 제사의 법도, 제사 제물이 있어야 합니다. 하나님께서는 제사의 법도를 다섯 가지로 정해주시고 이스라엘 백성들이 그렇게 행해주기를 원하셨습니다.

첫째 제사는 번제입니다. 번제는 자신의 생명을 하나님께 드리겠다는 '생명 헌신'의 의미를 담은 제사입니다. 자기가 가진 짐승을 잡아서 하나님께 태워드리는 것이지요. 둘째 제사인 소제는 자신의 재산을 하나님께 드린다는 의미로, 자기가 농사지은 곡물의 일부를 취해 그것을 태워드리는 것입니다. 여기에는 '재산 헌신'의 뜻의 담겨 있습니다. 세 번째로, 화목제는 하나님 그리고 그 시대를 함께 살고 있는 이웃들과 화목하고 싶다는 의미를 담아서, 짐승을 잡아 내장은 하나님께 태워 바치고 짐승의 몸통 부분은 이웃

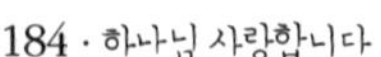

들과 나눠 먹는 제사입니다. 또한 속죄제는 하나님 앞과 이웃 앞에서 죄를 범한 경우, 그 문제를 잘 해결하고 하나님과 이웃과의 바른 관계를 시작하기 위해 드리는 제사입니다. 마지막으로 속건제는 하나님의 성물을 범했거나 이웃과의 관계에서 이웃의 재물을 손해나게 했을 때, 손해나게 한 것은 되갚고 거기에 5분의 일을 더해 변상하면서 용서를 구하기 위해 드리는 제사입니다.

이처럼 번거롭고 복잡해 보이는 다섯 가지 제사는 이스라엘 백성들과 함께하고 싶으셨던 하나님께서 그들과 좋은 관계를 유지하기 위해 정하신 방법입니다. 또 그들이 이웃과 함께하는 바른 삶을 살 수 있도록 도와주시고자 정해주신 것입니다.

그런데 하나님께서 이 제사를 설계하시고 실천해 가심에 있어서, 그 안에 우리 인생들에게 전해주시는 매우 중요한 메시지 하나가 있습니다. 바로, "만일 힘이 어린 양에 미치지 못하면…." "만일 힘이 산비둘기 둘이나 집비둘기 둘에도 미치지 못하면…."이라는 구절에 담긴 하나님의 마음입니다.

제사를 드릴 때, 사람들은 하나님께서 정하신 기준에 따라 수송아지같은 짐승을 한 마리 가져가야 합니다. 그런데 집에 수송아지도 없고, 어린양도 없고, 염소도 없고 심지어 집비둘기 한 마리도 키울 형편이 안 되는 경우가 있을 수 있습니다. 그러면 이런 사람은 용서 받을 길을 어떻게 찾아야 합니까?

하나님께서 그런 경우에 대해 답을 주신 것입니다. 만일 어린양이 없으면 산비둘기 둘이나 집비둘기 두 마리를, 정말 그것조차 없는 상황이면, 낮추고 낮춰서 곡물 한 움큼이라도 쥐고 와 하나님 앞에 용서를 구하라는 것입니다. 부자뿐 아니라 가난한 사람도 하나님 앞에 죄를 지을 수 있습니다. 그러므로 하나님께서는 가난한 사람들, 아주 힘없는 사람들도 죄를 용서 받을 수 있도록 그들의 상황과 형편을 고려하여 제사법을 정해주신 것입니다.

레위기를 깊게 읽어보면 하나님께서 우리 인생들을 얼마나 사랑하시는지 알게 됩니다. 인생들의 부족함을 용서하시기 위해서 얼마나 애쓰고 계시는지 그 마음을 읽어가게 됩니다. "힘이 미치지 못하면" 이 짧은 구절 안에, 하나님께서 우리 인생들에게 베푸시는 은혜와 용서의 사랑이 흠뻑 묻어납니다. 이 내용을 가만히 들여다보면 볼수록, 얼마나 하나님께서 우리 인생들을 용서하시며 함께하고 싶어하시는지 절절히 알게 됩니다. 이 내용을 읽으면서 얼마나 가슴이 뛰었는지 모릅니다.

"아! 우리 하나님이 이런 분이시구나!"

엘리야 선지자가 활동할 때, 북이스라엘을 다스리던 왕은 아합입니다. 그는 지나치게 부인에게 의존적이었는데, 그 부인 이세벨은 물불 안 가리고 죄악을 일삼는 여인이었습니다. 그냥 평범한 일상을 사는 사람이면 부부가 힘을 합해 나쁜 짓을 해도 피해 규모가 그렇게까지 크지 않을 텐데, 문제는 그들이 한 국가를 다스리는 왕과 왕비라는 것입니다.

아합과 이세벨은 눈 뜨고는 못 봐줄 못된 일들을 계속 저지르는데, 그중 한 가지가 나봇이 가진 포도원을 빼앗은 일이었습니다. 아합은 자기 수중에 정말 많은 것을 가지고 있는 왕이면서도 나봇이 가진 포도원에 욕심을 냅니다. 그러나 나봇은 율법에 따르면 조상 대대로 물려받은 땅을 팔고 사는 거래를 해서는 안 된다는 이유로 거절합니다. 그게 하나님이 정하신 법입니다. 이스라엘 백성들이 가나안을 점령한 후 제비 뽑아 그 땅을 나눌

때, 하나님께서는 그 토지를 팔고 사고 할 수 없도록 법을 정해
주셨습니다. 그 법을 지켜야, 하나님이 그 법을 정하시면서 약속
하신 본래의 복을 받아 누릴 수 있습니다. 그래서 나봇은 비록
왕의 요청이라 할지라도 하나님의 명을 어기고 포도원을 팔 수
는 없다고 이야기하면서 아합의 요청을 거절했습니다.

그 말을 들은 아합이 근심하고 답답하여 곡기를 끊습니다.
부인 이세벨이 아합에게 그 이유를 듣고는 그 상황을 해결하기
위해 계략을 꾸미고 일을 추진해 갑니다. 어느 날 많은 사람들이
모인 곳에서 나봇을 그 가운데 높이 앉힌 후에, 미리 동원해두었
던 불량배들을 앞세워 나봇이 왕과 하나님을 저주하였다고 거짓
말로 몰아 결국 그를 돌로 쳐 죽이고 맙니다.

하나님께서 이 일을 보시고 너무 화가 나셔서, 엘리야를 부
르십니다.
"아합의 생명을 거두고 그의 집안이 멸문지화를 당하도록 하
겠다. 나의 이 뜻을 그에게 전해라."
엘리야에게서 이 같은 사실을 전해들은 아합이 깜짝 놀랍니
다. 그리고는 평소답지 않게 굵은 베옷으로 갈아입고 금식하고
엎드려 하나님께 용서를 구합니다. 하나님께서 그런 아합을 보

시고는 엘리야에게 말씀하십니다.

"아합이 내 앞에서 겸비함을 네가 보느냐. 저가 내 앞에서 겸비함을 인하여 내가 재앙을 저의 시대에 내리지 아니하리라."

아합은 그의 부인과 함께 나라 경영을 해나가면서 정말 못된 짓만 골라서 했던 왕입니다. 그런데 아합의 잘못 한 가지를 지적했더니, 아합이 베옷을 입고 금식하는 것을 보시고는 하나님이 너무나 기뻐하시는 것입니다. 열 가지 중에 아홉 가지 잘하고 한 가지만 못해도 우리는 못한 한 가지만 부풀려 이야기하기 쉽습니다. 그런데 우리 하나님은 아합이 백 가지를 잘못하고 겨우 하나 잘한 듯싶은데 그걸 보시고 좋아하시며 그의 죄를 용서하시는 것입니다.

처음엔 이런 하나님의 마음이 잘 이해가 가지 않았습니다. 잘못은 황소만큼 해놓고 모기만큼 회개하는데 용서하시다니, 공평하지 않으신 것 아닌가 하는 생각이 스쳐가기도 했습니다. 그런데 이 성경본문을 한 번 두 번 읽고 또 읽으니, '아! 이것이 하나님의 마음이구나'라는 것을 깨달을 수 있었습니다. 무수한 악행에도 불구하고 또 다시 기회를 주시는 하나님. 그 하나님께서 얼마나 인생들을 용서하시고 싶어하시는지…. 알면 알수록, 이런 하나 님의 마음 앞에 무릎을 꿇을 수밖에 없습니다.

어느 아버지가 두 아들을 거느리고 있는데, 유독 둘째아들이 말썽이었습니다. 둘째아들은 아버지의 재산 중에 자기에게 유산 할 분량을 미리 달라고 졸라, 그 재산을 챙겨들고 집을 나갑니 다. 하지만 그걸 다룰 수 있는 지혜가 없는지라, 규모 없이 흥청 망청 다 써버리고 금세 아무 것도 남지 않게 됩니다. 당장 끼니 를 끓일 양식도 없게 되자, 굶주리는 지경까지 이릅니다. 이래저 래 힘든 삶을 살다가 그저 마음속에 단 한 가지 생각, '아버지께 로 돌아가야겠다.'라는 생각을 품게 됩니다. 잘한 일은 하나도 없습니다. 단지 아버지에게로 돌아가야겠다는 마음을 품은 것입 니다.

터벅터벅 부끄러운 마음을 무릅쓰고 집을 향해 갔습니다. 그 런데 이제나 저네나 동구 밖을 바라보며 집 나간 아들이 돌아오 기만을 기다리고 있던 아버지가 둘째아들이 돌아오는 모습을 발견하고는 버선발로 뛰어가서 끌어안습니다. 장원 급제 해서 어사화를 달고 오는 것도 아니고, 아버지의 재산을 백배로 불려온 것도 아닙니다. 공부라도 열심히 해서 학위를 받아온 것도 아닙니다. 그저 집을 나간 아들이 돌아왔다는 이유 하나만으로도 기뻐서 달려가 끌어안은 것입니다. 이 모습을 보고 짜증 섞인 불만을 토로하는 큰아들에게 들려주는 아버지의 대답은 둘째아들이 돌아온 게 무조건 기쁘다는 것입니다. 무슨 성과나 명예, 재산을 가지고 와서 기쁜 게 아니라, 그저 돌아와 준 사실만으로도 너무 기쁘다는 것입니다. 이것이 그 아버지의 마음입니다.

하나님의 마음이 꼭 이와 같습니다. 하나님을 알면 알수록 이 같은 사실을 알게 되고, 그런 그분의 마음 앞에 엎드리게 됩니다. 또한 이런 하나님의 사랑을 깨닫고 나면 내 주변에 있는 사람들이 다 사랑스러워 보입니다. 그들 또한 하나님께서 함께하고 싶어하시는 형제자매이기 때문입니다.

자기가 얼마나 형편없는 자인지는 자신이 가장 잘 아는 법입니다. 그런데 그런 볼품없는 나같은 사람과도 하나님은 함께하고 싶어하십니다. 성경을 알면 알수록 차별 없이 인생들을 사랑하시며 보듬어 안아 가시는 하나님의 마음을 느끼게 됩니다. 하

나님이 어떻게 내 인생을 시작하게 하셨으며 이끌어 가시는지,
얼마나 나를 귀히 여기시는지, 어떻게 내 인생을 보호하시는지,
그분의 따뜻한 손길을 체험하게 됩니다. 하나님의 이 품 안에 우
리 인생을 온전히 맡기며 살고 싶습니다.

홍해에서 여리고로

이스라엘 백성들이 홍해를 건넜습니다. 홍해를 건너기 전까지는 애굽에서 노예 생활을 하며 무척이나 두려운 날들을 보내왔습니다. 태어나서 보니 선택의 여지가 없었습니다. 애굽 사람들의 채찍, 그것이 항상 그들을 기다리고 있었습니다. 눈을 흘겨 뜨기만 해도 가차없이 채찍이 온몸을 휘어 감았습니다. 그렇게 길들여지고만 이스라엘 백성들은 오랜 세월 애굽 사람들을 주인으로 섬겨왔습니다.

그런데 어느 날, 정치적으로 완전히 실각한 줄로만 알았던 모세가 나타나더니, 6개월 동안 왕과 담판을 지었습니다. 그리고 협상이 끝나던 날, 놀랍게도 창검으로 그들을 막아서는 애굽 병사들이 아무도 없었습니다. 그래서 이스라엘은 모두 다 일어나서 급히 애굽을 빠져나왔습니다. 출애굽의 기적이었습니다.

그런데 계속해서 뒤가 당깁니다. 왜냐하면 애굽의 병사들이 사륜마차를 타고 다시 한 번 그들을 종의 자리에 옮겨 놓겠다고 달려 들어오기 때문이었습니다. 비록 구름기둥과 불기둥이 막아 주고는 있었지만, 그럼에도 불구하고 홍해 앞에 이르기까지 불안하고 두렵기 이를 데 없었습니다. 게다가 이제 눈앞에는 홍해가 가로막고 있습니다. 온 이스라엘 백성들은 '아! 이제는 죽었다' 싶어서 하나님과 모세를 향해 원망과 불평을 쏟아 놓습니다. 모세가 그들을 진정시킵니다.

"여러분 기다려 보십시다. 하나님의 계획이 있을 겁니다. 기다려 보십시다."

애굽의 군사들은 점점 더 그들 곁으로 다가오고, 이스라엘 백성들은 진퇴양난의 상황에서 두려움에 떨고 있습니다. 그럴 때 하나님께서 모세에게 하신 말씀은 지팡이를 들어 홍해를 치

라는 것이었습니다. 모세가 그 말씀에 순종해 지팡이로 홍해를
치자, 물이 갈라서고 좌우에 물벽이 세워지는 놀라운 일이 일어
났습니다. 이스라엘 백성들이 재빨리 육지가 된 홍해를 건넜습
니다. 그런데 애굽 군인들도 이스라엘 백성들을 따라서 홍
해로 들어오기 시작합니다. 그러나 그 길은 애
굽 군인들에게는 오지 말았어야 할 길이었
습니다. 결국 그들은 바다 속에 모두 수장되
고 말았고, 이제 더 이상 이스라엘 백성들은
애굽 사람들을 두려워하지 않아도 되는 자유
의 기쁨을 맛보게 되었습니다.

이렇게 이스라엘 백성들은 지금으로부터 3400여 년
전에 하나님의 은혜로 출애굽 했습니다. 하나님께서 출
애굽 한 그들을 시내 산에 불러 놓으시고 모세를 통해서
말씀을 전하셨습니다.

"세계가 다 내게 속하였나니 너희가 내 말을 잘 듣고 내
언약을 지키면 거룩한 백성이 되고 제사장 나라가 되리라."

이 놀라운 말씀을 이스라엘 백성들에게 주신 것입니다.
세계가 다 하나님께 속했다는 것입니다. 이 얼마나 놀라운 말씀
입니까?

지금으로부터 3400여 년 전인 그 시기를 보면, 세계 여러 민족들 가운데 애굽이라는 나라는 높은 수준의 공동체 형태를 띠고 있었습니다. 애굽에는 왕도 있고 국가도 있고, 그들의 문제를 스스로 해결할 수 있는 많은 공신력 있는 기관도 있고, 그것을 추진할 수 있는 행정력도 있었습니다. 말 그래도 월등한 나라였습니다. 반면 이제 막 애굽에서 나온 이스라엘은 세계에서 가장 낮은 수준의 민족이었다고 봐야 합니다.

애굽에서 최소 2-3백 년 동안 노예생활을 해온 이스라엘 백성들은 '노예근성'이라는 말이 그야말로 딱 어울리는 수준이었습니다. 스스로 어떤 문제를 생각하지도 못했고, 설령 어떤 생각이 있어도 그 문제를 오래 고민하여 생각을 혁신시키거나 발전시킬 행정적인 능력은 거의 전무했습니다. 한 사람 한 사람이 사소한 것에 울고 웃으며, 큰 것을 놓쳐 버리고 불평과 불만을 일삼는 노예근성에 찌든 자들이었습니다. 실제로도 그들은 하나님께서 모세를 통해서 이루신 그 놀라운 출애굽의 은혜를 입었으면서도 사소한 것에 불평하기 일쑤였고, 그들의 민족적 수준은 자신들을 출애굽시키신 하나님의 높은 계획은 전혀 눈여겨보지 못하는 아주 짧은 안목에 불과했습니다. 한마디로 애굽은 세계에서 가장 수준 높은 민족 가운데 하나였고, 이스라엘은 비할 수 없을 정도로 수준 낮은 민족이었던 것입니다.

그런데 하나님께서 그런 그들에게 관심을 집중하셨습니다. 그러면서 그들에게 "세계가 다 내게 속하였다"라고 말씀하십니다. 실로, 하나님의 손 안에서 애굽의 군대는 무력했습니다. 그 하나님의 경영하심에 그 누구도 저항할 자는 없습니다. 하나님의 이 말씀은 허언(虛言)이 아니라, 있는 그대로 사실이며, 능력 있는 하나님의 말씀이었습니다. 이스라엘 백성들이 이같은 사실에 그제야 관심을 갖기 시작했고 하나님께서는 앞으로 40여 년 동안 그들을 광야에서 훈련시켜 가십니다.

드디어 그들은 40여 년 동안 광야 생활을 해 가는 것입니다. 하루하루 하나님이 주신 만나로, 즉 그들의 노동의 결과로 하루하루를 사는 것이 아니라 하나님의 기적으로 삽니다. 그 이전까지는 몸을 혹사해가며 일하지 않으면 먹고 살 길이 없었습니다. 누가 종들에게 편히 먹으며, 편히 자며, 쉴 수 있도록 기회를 제공했겠습니까. 몸이 맞은 듯이 아파도, 손이 뒤틀려도 나가서 일을 해야 했던 것이 노예생활입니다. 하지만 이제는 일을 하지 않아도 먹는 것이 문제가 되지 않습니다. 하나님께서 밤마다 하늘의 문을 여시고, 만나를 수북하게 내려주시면, 아침에 가서 그것

을 거두는 간단한 수고만 하면 되었습니다. 너무나 놀라운 기적이었습니다.

이제 일하지 않는 그 시간에 이스라엘 백성들은 하나님의 말씀을 듣고, 하나님의 기적을 눈으로 보며, 느끼고 생각하는 시간을 갖습니다. 이제 모든 시간에 그들은 귀를 엽니다. 이제까지는 귀를 열어 들을 이유가 없었습니다. 귀를 열어 듣게 되면 생각이 커지게 되는 것이며, 생각이 커지게 되면 월등한 사람들이 됩니다. 그러니 애굽 사람들이 이스라엘 백성들을 대상으로 귀를 열어 들을 수 있는 기회를 원천적으로 봉쇄했던 것입니다. 그러나 이제 광야 40년 동안 그들은 귀를 열어 듣게 됩니다. 하나님의 율례와 계명과 법도의 말씀을, 듣고 또 들으며 생각을 하게 되고, 놀라운 꿈들을 꾸게 되는 것이지요.

그들의 생각이 커집니다. 끊임없이 하나님이 누구신지를 배워갑니다. 또한 사람, 즉 자신이 누구인지를 깨닫게 됩니다. 이웃과의 관계가 무엇인지, 공동체의 의미가 무엇인지, 그리고 그들 조상 대대로 가져왔던 그 꿈의 내용이 어떻게 전개되어야 하는지에 대해서 듣고 또 듣습니다. 주의 율례와 계명과 법도의 말씀을 하나님께서 모세를 통해서 그들을 귓전에 들려주시고 그들이 그러한 삶의 방식을 받아들일 수 있도록 권면하시며 훈련시키십니다.

광야에서의 훈련기간을 통해서, 하나님께서는 바위에서 물을 내셔서 그들의 마실 것을 공급하시고, 하늘 문을 여시사 만나를 내려 그들의 먹을 양식을 공급하시는 가운데 매일매일 끊임없이 하나님의 말씀으로 그들을 교육시키십니다. 결국 40여 년 만에 그들 민족은 세계에서 가장 월등한 민족으로 성장했습니다. 이 얼마나 놀라운 결과입니까? 한 개개인들은 물론이요, 이스라엘 백성들의 민족적 수준이 높아진 것입니다. 세계를 경영하시는 하나님 손에 붙들리면, 이렇게 큰 은혜와 축복을 받는다는 것을 민족적으로 보여주는 놀라운 사건입니다.

이스라엘 민족은 불과 40여 년 만에 그 어느 민족하고도 비교할 수 없는 높은 문자해독 능력을 갖추게 되었고, 아울러 높은 수준의 법을 갖게 되었습니다. 또한 자신들의 문제를 스스로 해결할 수 있는 능력도 획득했습니다. 그래서 그들이 가나안을 점령할 때 그들에게는 왕이 없었지만, 그리고 그 외에 다른 많은 민족들이 사용하는 불의한 수단과 방법 따위는 동원하지 않았지만, 그들은 가나안을 점령할 수 있었으며 또한 그들의 문제를 스스로 해결할 수 있는 높은 수준의 민족 공동체가 되었습니다.

그동안 그들이 먹은 것도 하나님의 은혜요, 마시는 것도 하나님의 은혜요, 그들이 높은 수준의 법령을 보고 읽고 배울 수 있는 것도 하나님의 은혜였습니다. 놀라운 은혜 가운데 그들의 수준은 정말 월등해졌고 이제 하나님은 그들을 향해 기대하고 계십니다. 그들이 세계 온 나라 백성들에게 하나님의 증인으로서의 역할을 감당해주길 기대하시는 것입니다. 제사장 나라로서 하나님 손에 붙들리면 이렇게 뛰어난 민족이 될 수 있고 그 뛰어난 민족 공동체 안에서 개개인들은 행복을 누릴 수 있다는 사실을 증거하는 역할입니다. 하나님 안에 거할 때, 참 자유와 참 기쁨과 참 정의를 누리며 살아갈 수 있는 복된 민족 공동체를 이룰 수 있다는 사실을, 주변에 있는 모든 나라에게 증거하는 제사장의 사명을 감당하기를 원하셨던 것입니다.

그렇게 광야 세월을 보낸 후 드디어 여리고 성 앞에 서게 됩니다. 이제 애굽에서 나올 때 20세 이상이었던 애굽 세대들은 광야에서 다 숨을 거두었고, 그들의 자녀 세대들이 이제 어엿한 역사의 중심이 되었습니다. 이제 만나세대들, 즉 지난 광야 생활 동안 만나를 먹고 자란 그 만나세대들이 여호수아, 갈렙과 함께 여리고 성 앞에 서 있습니다. 사실 엄밀하게 따져서, 이전에 홍해를 건널 때와 마찬가지로 여리고 성 앞에 선 그들이 어느 만큼 두려운 게 사실입니다. 왜냐하면 가나안의 7족들은 이스라엘 백성들이 들어오는 걸 어떻게 해서든 막아야 되겠다는 굳은 각오로 단단히 결탁하고 있기 때문입니다.

인류 역사는 전쟁사였다고 해도 과언이 아닐 정도입니다. 그런데 그 전쟁사의 내용에 들어가 보면, 성을 빼앗는 것이 가장 어렵고, 희생의 대가를 가장 많이 치러야 하는 일입니다. 평지에서 싸울 때에는, 포위 전략을 잘 구사해서 전쟁을 치르면, 아군의 피해를 최소화하면서 상대를 전멸시킬 수도 있지만, 어느 성을 빼앗으려고 할 때에는 큰 희생을 감수하고 전쟁을 해야 된다는 것입니다. 그런데 지금 여호수아와 만나세대들이 여리고 성을 빼앗기로 결심합니다. 어떠한 희생도 감수하겠다는, 반드시이 싸움은 승리로 싸워서 이겨야 된다는 확고한 목표를 세운 것입니다.

그리고 드디어 그들이 여리고 성 앞에 서있습니다. 그런데 여호와의 군대 장관이 찾아와서 그 성을 빼앗는 방법을 일러주는데, 내용인즉슨 여리고 성을 첫째 날도 한 바퀴, 둘째 날도 한 바퀴, 셋째 날도 한 바퀴, 그렇게 6일 동안 하루에 한 바퀴씩 돌고 난 후, 7일 째 되는 날 일곱 바퀴를 돌고 소리를 높여 함성을 지르면, 그 성이 무너질 거라는 이야기였습니다. 도대체 이해할 수 없는 전략입니다.

그런데 이스라엘 백성들, 즉 만나세대들이 하나님의 말씀에 따라 그대로 하겠다고 순종합니다. 그래서 첫째 날 가서 여리고 성 주위를 천천히 걷고 옵니다. 둘째 날 가서 또 조용히 한 바퀴 돌고 옵니다. 셋째 날도 그리합니다. 이게 쉬운 일이 아닙니다. 길을 걸을 때, 목적지를 향해서 빨리 걸어가는 게 쉽지, 천천히 걷기란 의외로 쉽지 않습니다. 그런데 지금 애굽에서 나와 광야 40년을 통해 훈련을 받은 만나세대들은 여리고 성을 한 바퀴씩 천천히 돌고 옵니다. 그리고도 지난 6일 동안 만나세대들에게서는 아무런 불만도 나오지 않았습니다.

40여 년 전, 이스라엘 백성들이 홍해 앞에 섰을 때, 뒤에는 애굽의 군인들이 달려오고 있었습니다. 그런 상황에서 이스라엘 백성들은 두려움에 떨었고, 모세와 하나님을 원망하며 불평했습니다. 어떻게 해야 되겠냐고, 하나님이 우리를 여기까지 데려와서 죽이려고 하시는 거냐고 목소리 높여 불만을 토로했습니다. 그런데 놀랍게도 그때로부터 40여 년이 지난 지금, 그 출애굽 세대의 자녀들이 여리고 성을 돌 때에는 어떤 두려움 섞인 원망이나 불평이 들리지 않습니다. 놀랍습니다. 어떻게 이렇게 변화되었습니까?

지난 세월 동안 그들은 하나님의 말씀을 들었습니다. 그분이 누구신지 알게 되었고, 바른 인생길이 무엇인지도 깨닫게 되었습니다. 하나님의 사람으로 훈련된 그들은 지금 여리고 성 사람들이 한 치의 빈틈도 내어주지 않고, 창칼을 들고 자신들을 향해서 눈을 크게 뜨며 지키고 있는데도, 그 앞을 지나가면서 두려움을 느끼지 않습니다. 6일 동안 꿈쩍도 않는 성을 돌고 오면서도 믿음이 흔들리지 않습니다. 하나님께서 그들을 주의 말씀으로 양육하신 결과, 그들은 흔들리지 않는 믿음의 용사들이 된 것입니다. 드디어 일곱째 날, 이스라엘 백성들이 함성을 질렀을 때 여리고 성이 무너지는 그 모습, 상상해 보십시오.

홍해의 기적과 여리고 성의 기적, 두 사건 사이에는 큰 차이가 있다는 사실을 생각해 보게 됩니다. 홍해의 기적은 전적으로 하나님의 은혜로 이루어진 것이요, 여리고 성의 기적은 말씀으로 양육받은 하나님의 용사들이 믿음으로 순종함으로써 이루어졌다는 것입니다. 우리는 하나님의 은혜로 홍해를 건너온 사람들입니다. 우리가 아직 죄인 되었을 때, 하나님께서 우리를 십자가 보혈의 은총으로 홍해를 건너게 하셔서 그리스도인 삼아주셨습니다. 우리는 아무것도 몰랐습니다. 아무 생각도 없었습니다. 그러던 우리들을 한 사람, 한 사람 주의 은혜로 홍해를 건너게 하셔서 그리스도인 됨의 놀라운 자리로 들어오는 기적을 베풀어주셨습니다. 이제 하나님의 말씀으로 훈련받고, 그 말씀을 마음에 새겨 넣은 우리는 말씀에 순종함으로써 여리고 성이 무너지는 그 장면 앞에 설 수 있어야 합니다.

"노력하면 된다", 물론 중요한 말입니다. 열심히 노력하십시오. 우리는 할 수 있는 한, 최선을 다해야 합니다. 그러나 노력해도 안 되는 일이 있다는 것을 아는 것이 참 지혜입니다. 노력해서 다 되는 게 아닙니다. 하나님이 기적을 베풀어 주셔야만 이룰 수 일이 있습니다.

그런가하면, "하나님의 기적이면 다 된다, 우리의 노력은 필요치 않다.", 이것이 좋은 신앙입니까? 우리가 아무것도 하지 않아도 하나님이 기적을 베푸시면 되는 것이다, 그렇게 말할 수 있겠습니까? 그렇다면 예수님께서 3년 동안 몸소 제자들을 가르치신 과정이나, 모세가 40년 동안 광야에서 이스라엘 백성들을 가르친 시간들은 무엇이 되는 것입니까? 그렇게 배우고 익히는 과정은 아무 소용없는 것입니까? 결코 그렇지 않습니다. 노력하고 수고하는 과정도 필요합니다.

노력해도 안 될 수 있다는 사실, 즉 인간의 노력에는 한계가 있고 끝이 있다는 사실과 더불어, 그럼에도 불구하고 하나님께서는 우리들로 하여금 끊임없이 노력하게 하신다는 사실, 우리로 하여금 주의 말씀을 익히고 살아가는 데에 노력하게 하신다는 사실, 땀 흘리게 하신다는 사실을 함께 붙들었으면 합니다. 그렇게 훈련된 자들을 통하여 하나님께서는 여리고 성을 무너지게 하십니다.

　주님의 은혜로 홍해를 건너온 우리 인생에도 많은 여리고 성이 있습니다. 불평하지 아니하고 순종하는 가운데, 끊임없이 땀 흘리며 기다리는 가운데, 하나님께서 우리에게 주시는 그 놀라운 기적을 기대하며 살기를 바랍니다.

그분과 함께 축제를

어느덧 다윗의 나이 70세, 이제 그의 인생이 마감되는 시점입니다. 그가 이루었던 그 아름다운 나라, 그 큰 권력, 이제는 이 모든 것을 그의 사랑하는 아들 솔로몬에게 넘겨줄 시점이 되었습니다.

이미 후계자는 솔로몬으로 결정되었고, 그에게 모든 것을 넘겨주는 것에 대해 국가적 합의가 다 이루어진 상태에서, 다윗은 자기 인생 전체를 되돌아보며 솔로몬과 온 국민과 더불어 하나님 앞에 축제를 벌입니다. 그의 인생에서의 마지막 잔치, 마지막 축제입니다. 그 귀하고 아름다운 축제에서 그는 이 모든 것들이 하나님께로부터 왔다는 놀라운 고백을 하고 있습니다.

"다윗이 온 회중 앞에서 여호와를 송축하여 가로되 … 나와 나의 백성이 무엇이관대 이처럼 즐거운 마음으로 드릴 힘이 있나이까 모든 것이 주께로 말미암았사오니 우리가 주의 손에서 받은 것으로 주께 드렸을 뿐임이니이다."

이 축제에서 다윗은 어떤 고백을 하고 있습니까? 모든 것이 하나님께로부터 왔다는 것입니다. 인생 전체를 다 살고 마감하는 시점에 보니, 인생들이 누리는 모든 것이 근원적으로 하나님께로부터 온 것임을 깨달은 것입니다. 그는 이 놀라운 고백을 하고 있습니다. 정말 그 인생을 멋지게 살았던 다윗은, 또한 그 인생을 멋지게 닫을 줄 알았던 사람입니다.

다윗의 평생을 놓고 볼 때, 그가 교만했던 흔적은 거의 없습니다. 물론 전혀 없었던 것은 아니자만, 그의 인생 전체를 놓고 볼 때 그는 참으로 겸손했으며, 원만한 인생을 살았다고 평가할 수 있습니다. 그 주된 이유와 핵심이 무엇인지 생각해 보면, 그 모든 것이 주께로부터 왔다는 이 놀라운 기본 고백에서 비롯한 삶의 태도인 것 같습니다.

축제 같은 인생을 살고 싶습니까? 하나님과 함께 축제 같은 인생을 살고 싶습니까? 그렇다면 진정으로 아름다운 고백이 하나 있어야 됩니다. 다름 아니라, 하나님께로부터 모든 것이 왔다는 고백입니다. 내 인생도, 내 인생 속에 담아주신 아름답고 귀한 보석들도, 다 하나님께로부터 왔다는 이 고백이 우리 가운데도 있어야 할 것입니다.

느헤미야는 바벨론에서 태어났습니다. 그는 그곳에서 태어나, 자라면서 열심히 공부해서 세상이 부러워할 만큼 훌륭한 사람으로 성장합니다. 느헤미야는 왕이 가까이 하고 싶어하는 사람이었습니다. 왕이 함께 일 하자고 할 정도로 준비된 사람이라면, 정말 대단하다고 봐야 합니다.

그런 그가 그 삶의 모든 조건을 보았을 때 왕이 가까이 하지 않는 사람들, 즉 예루살렘의 힘없는 백성들을 위해서 자신의 삶을 바치기로 결심합니다. 그리고 뜻을 세워서 그곳 페르시아에서의 삶을 마무리하고 예루살렘으로 오는 것입니다.

예루살렘은 페르시아의 수도와 비교해보면, 완전히 황무지이고, 사람들의 삶은 아주 초라하기 이를 데 없는 처참한 곳입니다. 이곳에 느헤미야가 총독으로 부임해서 그 황무지 예루살렘을 개간합니다. 무너졌던 예루살렘 성벽을 수축해냅니다. 주변의 많은 사람들이 그를 시기하며 미움과 방해의 손길을 뻗쳤지만, 그럼에도 불구하고 그는 참아 견뎌내며 성벽을 완공합니다. 지금까지 그곳에서 힘들게 살던 사람들이 안전하게 살 수 있도록 보호 장치를 마련하는 일을 끝마친 것입니다. 모든 일이 끝난 후, 이제 축제가 벌어집니다. 피땀 흘려 이루어낸 그 성벽의 수축을 놓고 온 예루살렘에 사람들이 모여서 아름다운 축제를 벌이는데, 이 축제는 한 주 동안 계속되었습니다.

그런데 그 축제의 실제적인 행사 내용으로 들어가 보면, 그 핵심은 바로 성경통독이었습니다. 이스라엘 백성 전체가 하나님의 말씀을 열심히 읽고 듣는 아름다운 시간을 갖고 있는 것입니

다. 그런데 그 귀한 시간을 진행하는 중에 하나
님의 말씀을 듣던 사람들이 그 말씀에 감동되고,
그 말씀대로 살지 못한 자신들의 모습이 부끄
럽고, 그 말씀대로 살고 싶은 열망이 북받혀
서 그만 울고 맙니다. 느헤미야는 그런 백
성들을 위로하며 여호와의 성일을 기뻐
하라고 권면합니다.

축제의 한 복판에서 느헤미
야는 성경을 읽고 있는 이스라엘 백성들,
하나님 앞에서 큰 소망을 품는 그들에게
"여호와를 기뻐하는 것이 너희의 힘이라"라
고 말합니다. 느헤미야의 그 말은 자신이 이런
축제 같은 인생을 살고 있다는 고백에 다름 아닙니
다. 우리가 축제 같은 인생을 산다는 얘기는 하나님
을 기뻐하는 것으로 나의 힘을 삼는다는 뜻입니다. 하
나님을 생각하며 그 생각을 기뻐하고, 하나님의 말씀을
읽으며 그 일로 말미암아 기뻐하는 것, 그것이 우리의 힘
입니다.
"여호와를 기뻐하는 것이 너희의 힘이라."

이 놀라운 선언을 하고 있는 느헤미야의 인생은 한 마디로 축제 같은 인생입니다.

로마가 온 지중해 전체를 다스리고 있을 때의 일입니다. 로마의 힘에 눌려 그저 다스림을 받고 있는 속국 유대 땅에서는 기뻐할만 한 일이 별로 없었습니다. 국가적으로 기뻐할만 한 일은 아예 원천적으로 봉쇄당했다고 봐야 하겠습니다.

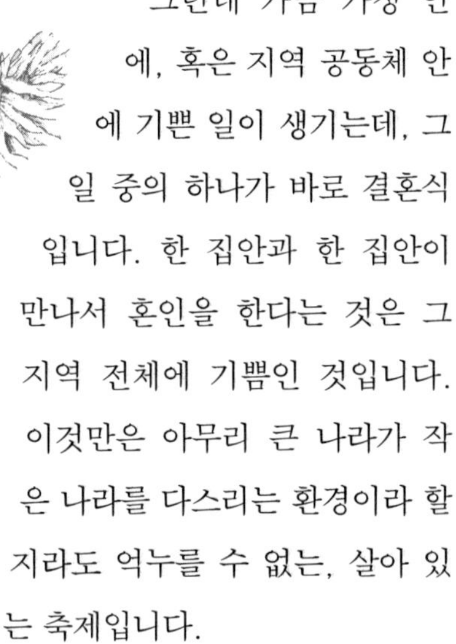

그런데 가끔 가정 안에, 혹은 지역 공동체 안에 기쁜 일이 생기는데, 그 일 중의 하나가 바로 결혼식입니다. 한 집안과 한 집안이 만나서 혼인을 한다는 것은 그 지역 전체에 기쁨인 것입니다. 이것만은 아무리 큰 나라가 작은 나라를 다스리는 환경이라 할지라도 억누를 수 없는, 살아 있는 축제입니다.

이 경사스러운 잔치에 우리 주님이 초청 받습니다. 흔히, 혼인잔치에는 흥을 돋우기 위한 여러 가지 것들을 준비해야 했는데 가장 중요한 것으로 꼽히는 것 중 하나가 포도주입니다. 그런데 한창 잔치가 진행되어 손님들이 포도주를 마시고 있는데, 준비한 포도주가 동이 나고 맙니다. 주인 입장에서는 정말 난처한 일이 아닐 수 없었습니다.

바로 그때, 우리 예수님께서 그 혼인잔치에 필요한 포도주의 부족한 부분을 채워주십니다. 항아리에 물을 가득 부으라고 명하신 후, 그 물을 포도주로 변하게 하시는 기적을 베푸신 것입니다. 이 이야기가 이 가나 혼인잔치 이야기의 핵심 내용입니다.

이러한 기적은 우리 인생에도 일어날 수 있습니다. 축제 같은 인생을 살고 싶은 소망을 가진 자들에게 하나님께서 그분의 때를 따라 우리 개인의 삶 속에, 우리 가정에, 우리 교회 공동체에 기적을 베풀어주신다는 사실을 믿어야 하겠습니다. '설마?' 라는 생각을 빨리 버릴수록 우리 인생에 기적이 준비됩니다. 기적 같은 일들을 기대하며 살고 계십니까?

우리 인생이 그분과 함께하는 축제 같은 인생이기를 원합니다. 그분과 함께하는 축제 같은 인생에는 반드시 고백이 있습니다. 하나님의 말씀이 있고, 또 기적이 있습니다. 우리도 이렇게 기적을 맛보며, 하나님의 말씀을 기뻐하며, 진심으로 자기의 모든 조건을 하나님이 주신 것으로 고백하는 아름다운 인생을 살았으면 좋겠습니다.

너희는 마음을 다하고 성품을 다하고 힘을 다하여

네 하나님 여호와를 사랑하라

- 신명기 6장 5절

네 마음을 다하고 목숨을 다하고 뜻을 다하여

주 너의 하나님을 사랑하라 하셨으니

이것이 크고 첫째 되는 계명이요

- 마태복음 22장 37-38절